鱼骨笔记术

[日] 驹井伸俊 著
林杨 译

中信出版集团 · 北京

图书在版编目（CIP）数据

鱼骨笔记术 /（日）驹井伸俊著；林杨译 . -- 北京：
中信出版社，2018.10
ISBN 978-7-5086-9517-4

I. ①鱼… II. ①驹… ②林… III. ①工作方法－通
俗读物 IV. ① B026-49

中国版本图书馆 CIP 数据核字（2018）第 221211 号

鱼骨笔记术

著　　者：[日] 驹井伸俊
译　　者：林　杨
出版发行：中信出版集团股份有限公司
（北京市朝阳区惠新东街甲 4 号富盛大厦 2 座　邮编　100029）
承 印 者：北京楠萍印刷有限公司

开　　本：880mm × 1230mm　1/32　　印　　张：6　　字　　数：90 千字
版　　次：2018 年 10 月第 1 版　　印　　次：2018 年 10 月第 1 次印刷
京权图字：01–2018–6343　　广告经营许可证：京朝工商广字第 8087 号
书　　号：ISBN 978–7–5086–9517–4
定　　价：45.00 元

服务热线：400–600–8099
投稿邮箱：author@citicpub.com

目　录

第一章　鱼骨笔记术

谁都能掌握！现在立刻就能开始的简单方法

第二章　鱼骨学习术

能够有效帮你提高外语学习、记忆、速读、听讲水平，并通过资格考试的方法

第三章　鱼骨工作术

可以用于解决问题、沟通、时间管理、推介和汇报、交涉、思考问题的方法

前 言

感谢您拿起本书。

您对本书感兴趣，一定是因为：

“希望工作更有效率！想在短时间内习得新技能！”

“希望通过资格考试、入学考试、晋升考试！”

“希望学好外语！希望在外语考试中取得好成绩！”

“希望能够更好地处理信息，将更多的时间花在自己想做的事情上！”

“希望推介或谈判可以向着有利于自己的方向进行！希望取得成果！”

“希望用最快的速度实现梦想！希望年收入增加！”

等等，愿望很强烈吧？

然后也在考虑：支付了 1 470 日元看完这本书以后，收获够不够回本吧？

如果是这样，请给我 1 分钟的时间。至少，先把前言看完。

只是改变记笔记的方式，就能够变得更有效率！

很多人在还没有达成目标的时候就放弃了。

这是为什么呢？

在此不妨思考一下：你通常在什么时候会选择记笔记？

学习的时候、开会的时候、商谈的时候、谈判的时候……在伴随着“紧张”和“痛苦”的时候，不得不去记笔记。

在这样的情形下，即使让你有意识地想“更迅速更有效地记笔记”，也很难做到吧。

大脑在感受到痛苦的时候，很难一边意识到“效果”和“效率”，一边还在记笔记。

连记笔记都无法在有意识的状态下持续进行，想要达成目标也是不可能的。

但是，请放心！

这本书会为你介绍一种新的笔记法，让你在不会感受到痛苦的同时，更有效率和效果地记笔记。

实际上，需要记笔记的场合，带给人压力的原因是：

必须要记下来！

仅此而已！

本书书名中提到的“鱼骨”笔记法，可以从根本上解决这个问题！尤其可以活用在“工作”、“学习”和“信息处理”等方面。

东京大学教授研究出来的！

在超一流企业中持续使用50年以上的笔记法！

最先提出“鱼骨”概念的是已故东京大学名誉教授石川馨先生。

1952年，川崎制铁率先开始使用这种笔记法，取得了显著的效果，于是很多超一流企业也开始使用。

实际上，在使用这种笔记法的大公司中，有很多你耳熟能详的企业。例如：

丰田汽车株式会社、日产汽车株式会社、株式会社小松制造所、株式会社电装、株式会社高丝、株式会社养乐多本社、株式会社日立制作所汽车系统集团等等，而且这些企业在全球范围内都有业务。

这些企业都注重推行有效提高工作效率的方法，在现如今经济不景气和日元升值的环境下，这些企业依然能够保持活力。

正是因为十分有效，才会有这么多人持续长时间使用。

仅仅一次书写，你的大脑就已经将这些信息记忆了四次

为什么这种笔记法能够如此有效？是因为这种笔记法将信息进行“可视化”，使其看起来更加容易，这一点具有压倒性的优势。

记忆是神经元与神经元的连接。

如果不能将事物与事物进行合理的连接，是无法形成记忆的。

“鱼骨”能够用一根线将所有的信息连接起来。

也就是说，某一信息的全貌和组成这一信息的“部分内容”可以立刻呈现在你眼前。

这种笔记法虽然是从左向右书写的，但是写下来的信息会从右向左汇总。

也就是说，只需要进行一次书写，左右一个来回就能够记忆两次，重新审视一下“全貌”，然后看一看“局部信息”，脑部就可以进行四次记忆。

只进行一次书写，就可以提高理解信息的速度和深度。

带来的结果就是可以加强记忆。

因为如此有效，如果你遇到了需要记笔记的场合，请一定要试着实践一下！

其实，我也是用这样的方法，成功考取了中小企业诊断师资格。

只需要“一条规则”，可以有效用于“工作”“学习”“达成目标”

更重要的是，这种笔记法只有一条规则。

将信息写成鱼骨的形状！仅此而已！

正因如此，信息才能更好地被归纳和可视化。

而且这种笔记法还有无论是谁都能轻松掌握的技巧！

本书主要由以下内容构成。

在引言中，我将详细阐述使用鱼骨法的优势，帮助你加深理解信息可视化的必要性和技巧。

在第一章“鱼骨笔记术”中，你将学会如何书写鱼骨笔记。只需要掌握简单的规则就能立刻学会。

在第二章“鱼骨学习术”中，我将介绍有效利用鱼骨通过资格考试、学习外语、记忆、速读等能够实际看到成果的方法。

在第三章“鱼骨工作术”中，我将介绍鱼骨笔记术在工作中的实际运用，包括解决方法、沟通方法、时间管理方法、推介和汇报方法、交涉法和思考法。

在第四章“数字时代的鱼骨整理术”中，我将介绍将笔记与电脑联动的方法，毕竟现在大家的工作和日常生活与电脑密不可分。

如果拥有将笔记与电脑相结合的意识，就不会被时代抛弃。

在第五章“鱼骨实现术”中，我将介绍如何通过使用鱼骨法来达成目标，主要包括为了实现自我的现状把握、目标设定法、日程管理等。

除此之外，我还根据不同的情况做了些图表，希望可以成为你记笔记时的参考。

想要“达成目标”就一定要使用笔记！

实际上，人类通过书写（视觉）的方法获取的信息是最多的。

也就是说一定要记笔记。

- 想要提高“记忆力”和“创造力”的人
- 想要提高工作效率以取得压倒性成绩的人，想要提高年收入的人
- 想要通过短时间的“工作”或“学习”掌握技能的人
- 准备参加“资格考试”“语言能力测试”“高考”“晋升考试”的人
- 希望人际关系更协调的人

• 因为太忙没有私生活的人，不擅长“时间管理”的人

• 想要能够更深入地理解“读书法”，想要掌握“速读术”的人

这本书会对你们有所帮助。

如果想要更有效地记笔记，试试本书中的技巧，哪怕只是随便挑一个都可以。

用与迄今为止完全不同的视角去工作和学习，会取得新的成果。

希望你能够用最快的速度实现自己的目标和梦想。

那么，放轻松些从引言开始吧。

引 言

什么是鱼骨笔记法？
通过使用鱼骨会获得怎样的优势？

无法按照自己的方式使用笔记！

你还记得第一次拿起笔记本是什么时候吗？

是刚上小学时一笔一画将老师写在黑板上的拼音或是数字抄写在格子很大的本子上吗？

应该从那时起，你便开始在田字格或横线本上按照自己的方式记笔记了。

在长大成人的今天，你记笔记的方式与小时候是否有太大的变化？

于己而言，这样记笔记的方式可能是理所当然的，然而看过学校或是公司其他人的笔记，你会发现每个人记笔记的方式都有很大的不同。常用的笔记本种类也不尽相同。

不妨试一试在会议后借阅一下其他参会人的笔记，跟自己的笔记做一下比较。

接收到的信息是相同的，输出到笔记本上，就会呈现出从“一目了然”到“连记录人都不太看得懂”的不同形态。

这是因为有人擅长将接收到的信息进行加工和整理后输出，也有人完全不擅长。

世界瞬息万变。

不同领域的信息正在以无可匹敌之势喷薄而出。

美国某公共机构的信息显示：

- 美国报纸《纽约时报》一星期的信息量，比18世纪一个人花一辈子时间收集的信息还要多。
- 今年一年产生的信息量已经超过过去5 000年全人类产生的信息量。
- 而且，现在人类产生的信息量正在以每年两倍的速度增加。

类似的信息还有很多。

想要避免在信息洪流中溺水，就必须变得擅长加工和整理信息。

有助于工作或个人生活的笔记

信息处理有很多种方法，有人使用电脑，有人使用移动终端，但是最方便且有效的方法还是活用笔记。

擅长整理、加工信息的人，也非常善于灵活使用笔记！

为了能够更高效、更有效地使用笔记，我们需要掌握活用笔记的方法，然而却没有人教过我们“记笔记的方法”。

正因如此，关于如何记笔记的书才会流行起来。

去大一点儿的书店看一看，你一定会发现很多名为《×××笔记术》《×××笔记法》的书籍。

我是一名“中小企业诊断师”。

本书中介绍的记笔记的方法，也适用于“为了通过资格考试而进行的学习”和“解决工作或人生问题”。当然，也可以用于“提高工作效率”和“达成目标”。

也就是说，这是一种可以广泛应用的“终极笔记术”！

它的名字叫作“鱼骨式”笔记。

虽然想去尝试但是坚持不下去……

街头巷尾热卖的笔记术，多多少少看过一些，或是听说过一些，会有“原来如此！”的想法，也进行过尝试。

然而，结果却是“只是想着要去试一试然后就结束了，完全坚持不下去”，你是否也遇到过这样的情况？

为什么无法坚持下去呢？

笔记不需要规则！

笔记法原本是为了提高记笔记的效率和效果而存在的，然而也有一些这样的笔记法，为了掌握它们“必须要去记住一些必须遵守的事情”或是“比较复杂的规则”。

如果为了掌握一种笔记法，必须要遵守超过 10 条的规则，你会有怎样的感觉？

会觉得有点儿发怵吧？

的确，一旦记住了规则，也就不成问题了。

但是，为了记住规则，不得不去记下关于规则的信息，然后看着这些信息将其整理成笔记。又或是想不起来规则了，拿出笔记边看边写，写着写着就搞不清楚了。

这就是本末倒置了。

我们的主要目的是让记笔记变得更有效率，因此作为核心的规则一定要既单纯又简单。

不要使用成功者的笔记！

成功者的笔记法能够反映这位成功人士整理信息和对其进行活用的方法，其记笔记的方法可以成为很好的学习参考。

如果这位成功人士恰巧符合你自己的目标设定，去模仿他的行动方式自然是更好的做法。

但是这里也存在着问题。

成功者的笔记法往往是这位成功人士基于自己的成功经验展开的，因此，可能会因时代不符或行业不符而出现难以推进的情况。

尤其是以日程安排等为主的信息受到表格限制的时候，经常会出现无法匹配的情况。

成功人士的做法不一定适合你。

因此我们需要的是一种“无论是谁都能够灵活运用、自由度高、在多种场合都可以使用！”的笔记法。

不要在意使用什么工具！

在一些笔记法中，会提到“这种类型的笔记”需要“这样的笔”等等限制使用工具的情况。

分明下定决心要尝试这种笔记法了，跑到文具用品店一看，自己需要的工具正好缺货。

碰到这样的情况，很容易错过开始尝试的时机。

等自己注意到的时候，才发现依然在用以前的方式记笔记。

即使所需要的工具都凑齐了，如果需要使用的工具太多，遇到突然外出或者是出差等需要移动的情况，也会变得很不方便。

或者在家中想要记笔记时发现工具忘在办公室了，就无法使用这种笔记法了。

笔记应该是无论何时何地都能够记的，如果因为缺少特定工具而无法进行就太不像话了。

为什么必须要使用笔记法？

我们的终极目标并不是记住一种笔记法。

而是如何高效地记笔记。

或者可以说，记笔记也不是我们的最终目标。

我们为什么要记笔记呢？

是为了能够活用笔记，“使思维得到发散而想出新点子”“记忆写下来的内容”“解决问题”“按照设定的目标顺利推进”“整理头脑中的信息”“提高工作效率”等等。

正因如此，记笔记不过是“为了实现目的的手段”。

为了达成目标，获得成果！

你想要做的一定是“为了某个（目的）”“使用某种笔记法记笔记（手段）”。

“为了牢牢记住”“为了更好地整理信息”，更有效率地记笔记吧。

为了取得成果而掌握笔记法。

这里就为你介绍一种“无论何时何地，只要有纸和笔就能够开始”“勉强能称为规则的规则也十分简单，自由度超高”，同时有很多人、在很多地方、使用了几十年的方法。

当然，通过这种方法，我在现实生活中也取得了成绩，获得了很大的帮助。

“简单！单纯！自由！”是这种笔记法的关键词。

不需要准备！无论在哪儿都可以立刻尝试

鱼骨笔记法所需要的东西只有用于书写的工具和纸，仅此而已！

首先是用于书写的工具，什么都可以，无论是铅笔、圆珠笔，还是钢笔。什么颜色都可以，没有颜色上的指定。

想要记笔记的时候，手边有笔就可以。

同样，对用来记笔记的纸张也没有要求。没有诸如准备这样大小的笔记本，或是准备那种格子的笔记本之类的要求。

想要书写的时候，用手边的纸和笔开始写吧。

想要记笔记的时候能够立刻记笔记，虽然听上去是理所应当的事情，但是这一点十分重要。

想要记笔记可能出现于生活中的很多场景，例如“在家看电视的时候”，或是“乘坐地铁的时候”，“在公司开会的时候”，或是“在咖啡馆稍事休息的时候”，等等。

在这些不同的场合，很难实现每次手边都有同样的笔和本子，因此如果是需要指定笔和本子的笔记法，那么这种笔记法的灵活性就会很低。

在咖啡厅喝咖啡时突然想到一个好点子，如果因为没有笔或者本子，想要之后再写下来，十有八九会忘记了吧。

如果是这样的话那就太可惜了。

好不容易想出来的点子，如果用“鱼骨法”的话，跟店员随便借一支笔，写在咖啡厅的餐巾纸上也是可以的。

如果会忘掉的话，不如先随便找个什么写下来。

首先，将想到的东西写在当时手边可以使用的纸上，这就是开始。

规则只有一个：“鱼的骨头”

只需要笔和纸就能开始记笔记，如果为了记笔记需要很多规则，那就浪费了这么简单的准备工作。

从这一点考虑，鱼骨笔记法也是非常简单的。

“按照鱼骨的形状记笔记”。

仅此而已。

但是，仅此而已也能发挥很明显的效果！

鱼骨？？

突然这么说，却不知道应该如何下手吧？我们需要做的是将信息整理成鱼骨的形状。

按照鱼骨的形状做笔记，有什么优点呢？

简单来说，会比其他方式更容易查看、更易于理解！

将信息构造化，能够将结果可视化。

构造化和可视化，可能听上去会让人觉得很难，其实只是将信息的“全貌”和组成全貌的“各个部分的关系”展现出来而已。

在构成一条鱼的鱼骨上记录信息，鱼骨与鱼骨相连接的地方体现信息的关联性。

“一条鱼一样的画”，就是关于“这份笔记主题的全貌”。

按条书写没有意义

如果按照笔记本上的横线记笔记的话，通常笔记都是按照横线一条一条记的，信息也会被并列整理。

按照 1.，（1），①顺序化，信息可以被整理得很规整，从构造化这个角度来看是很合适的。

举一个例子，我们可以看一下关于公司法（与公司的设立和运营等有关的法律规定）的构成。图 0–1 摘自对公司法的法条所记的笔记。

因为是法律，所以已经有很好的构造了。从第一篇的总则开始，到第八篇的罚则为止，共有八篇。

第一篇 总则

第二篇　股份公司

第一章　设立

第一节　总则

第二节　公司章程的制定

第三节　出资

第四节　成立时董事等的任命和解聘

第二章　股权

第三章　股份的发行

第四章　组织机构

第三篇　合资公司

第四篇　公司债务

第五篇　组织变更、合并、公司拆分、股权交换以及股权转移

第六篇　外资公司

第七篇　杂则

第八篇　罚则

图 0–1　按条目记笔记的例子

如果看一下第二篇股份公司的内容，会发现有第一章设立、第二章股权等章，在章之下还有节。

这样的内容按条目记笔记的话，在构造化上会非常出色。

但是，按照这种形式所记的笔记，无论是记笔记的时候还是之后查看笔记的时候，都会觉得很枯燥。

也就是说很容易出现这样的情况：不想记笔记！不想重新看笔记！

因此，也很难高效地记下需要记住的内容。

同时，经过构造化的内容，阅读起来很容易抓住整体感觉，但是并不一定适合“记忆”。

这是因为单纯地将信息罗列在面前，很难引起视觉上的刺激。

思维导图的情况

最近比较流行的笔记法中，有一种叫作“思维导图”的笔记法，这种方法是由东尼·博赞提出的。思维导图原本是一种思考方法，最近也常常被应用在笔记法中。

思维导图是在一张纸的正中间写出主题，然后从主题开始以放射状将信息拓展开来。在实际使用时，还会加入图画或是用不同颜色的笔进行书写。

思维导图的形状与大脑的神经回路相似，是一种容易扩展思维，也容易进行记忆的方法。

虽然思维导图被称为图，但画它实际上更接近于画画的感觉。尤其与一条一条地记笔记相比，写起来会比较开心。

我刚刚了解思维导图的时候，便有一种恍然大悟的感觉，在那之后也经常使用思维导图。

我曾经看到过有人用思维导图进行自我介绍，仅仅是看着他的思维导图就能够想象出这是一个如此有魅力的人。

与按条书写的履历相比，思维导图的方式不但能让自我介绍变得更为印象深刻，还能让听众很好地“记忆”内容。

思维导图作为能够“将思考视觉化”的技法，是非常优秀的。

但是，思维导图是以放射线状发散开去的，整理信息时，如果控制不好，就会让信息发散过度，给人难以总结的印象。

实现构造化与视觉化的“鱼骨”

逐条书写能够实现构造化，却不易实现视觉化。思维导图容易实现视觉化，却不容易实现构造化。两种方法各有利弊。

在这里，我们就要请出能够同时实现构造化和视觉化的“鱼骨法”了。

使用“鱼骨法”可以将信息进行“容易理解的构造化”，也可以将信息进行“容易阅读的视觉化”。

其实，“理解”也就意味着能够进行“分类”。

能够将“整体”分成“构成它们的各部分”。

也就是说，能够很好地将“各部分”从“整体”中拆分出来，或者是用“各部分”去构造一个“整体”，如果能够做到，就证明信息已经被很好地理解了。

在此基础之上，如果用鱼骨法进行思考和分类，可以一眼就掌握整体图，也可以一眼看到细节，这是一种非常易于理解的笔记法。

不再需要依赖美国!

不仅是笔记法，包括很多商业方法论都来自欧美，尤其是美国。

正因如此，来自外语音译的说法开始增加，被缩写成几个字母的专业用语也越来越多。

可能有些读者认为鱼骨法也来自欧美，但其实“鱼骨法”是源于日本，之后被推广至全世界的方法论。

"鱼骨法"在日本也被称为特性因果图。

特性因果图严格意义上来讲并不是一种笔记法，而是一种用于品质管理和解决问题的代表性的方法，很多一流企业都在使用。

东大教授创造的鱼骨法！

"鱼骨法"是由已故东京大学名誉教授石川馨先生发明的。石川先生被称为日本品质管理之父，也被称为 QC（Quality Control，品质管理）小组活动之父。

QC 小组是指在职场内自主进行品质管理活动的团体，作为公司整体品质管理活动的一部分，QC 是一种比较常用的品质管理手法，可以让品质管理活动持续进行，且让全员都参与到当中来。

"鱼骨法"正是 QC 活动七大工具之一，也在很多"问题解决技法"和"品质管理技法"相关书籍中被提到。

石川先生所提出的"鱼骨法"在 1952 年被用于川崎制铁的茸合工厂，并且取得了巨大成效，也因此在实务操作中得以广泛应用。

从 1952 年到现在，"鱼骨法"算得上一个经验丰富的老手，而不是初出茅庐的小子，而且现在仍然活跃在很多企业中。

正是因为效果很好，才会被这么多人在如此长的时间里一直使用。

鱼骨法不但被很多企业使用，对于那些取得优秀活动成果的企业，每年财团法人日本科学技术联盟还会分上半年和下半年两次，向企业颁发“QC 活动石川馨奖”。

2007 年上半年，以下公司和组织获得了该奖。

丰田、日产等超一流企业也在使用！

这些企业包括：关西电力株式会社、日产汽车株式会社、丰田汽车株式会社、株式会社小松制造所、株式会社电装、株式会社高丝、株式会社养乐多本社、株式会社日立制作所汽车系统集团、爱知制钢株式会社、ASTOM 株式会社、柯尼卡美能达 MG 株式会社、爱信 AW 株式会社、富士电机 FA 株式会社、POLUS GROUP 株式会社中央楼宇管理、枥木县济生会宇都宫乳儿院。

一瞬间就能理解信息的构造

活用“鱼骨法”，在记笔记时或是思考时，可以起到易于理解、容易查看等效果。

“鱼骨法”是将整体分为几个大类，然后再将大类中的内容根据鱼骨的粗细进行更加详细的划分。

基本方法与写文章时将其细分成篇、章、节是一样的。

但是需要注意，因为是按照鱼骨的粗细进行细分的，因此不是按照篇、章这样的命名方式去书写，而是选择更容易理解的关键词进行构造。

能够有效可视化，所以才能瞬间理解

在到访陌生城市的时候，为了掌握基本情况，地图是必不可少的。只要有目的地的地图，就能够掌握场所与场所之间的位置关系。

知道自己现在在什么地方，应该如何前往目的地，才不会迷路。

思维导图正如其名，是将思考地图化的一种笔记法。通过放射线状的图面扩展信息，让信息与信息之间的关系变得显而易见，无论是全体还是局部，都可以通过一张纸来展现。

“鱼骨法”也同样可以通过一张纸来展现整体和局部。

而且鱼骨法中的信息连接不以放射线状呈现，而是通过不同的项目名称以“大类（块状）”来表现的，用一目了然的方式来推进“理解”和“记忆”。

例如，将“日本”作为整体，那么各“都道府县”就是大类，“市区町村”就是下一层级的分类，然后就可以画出图来了（见图 0–2）。

由于整体是由区块化的分类组成的，这使得笔记更易于理解，是一种非常有效的将信息可视化的方法。

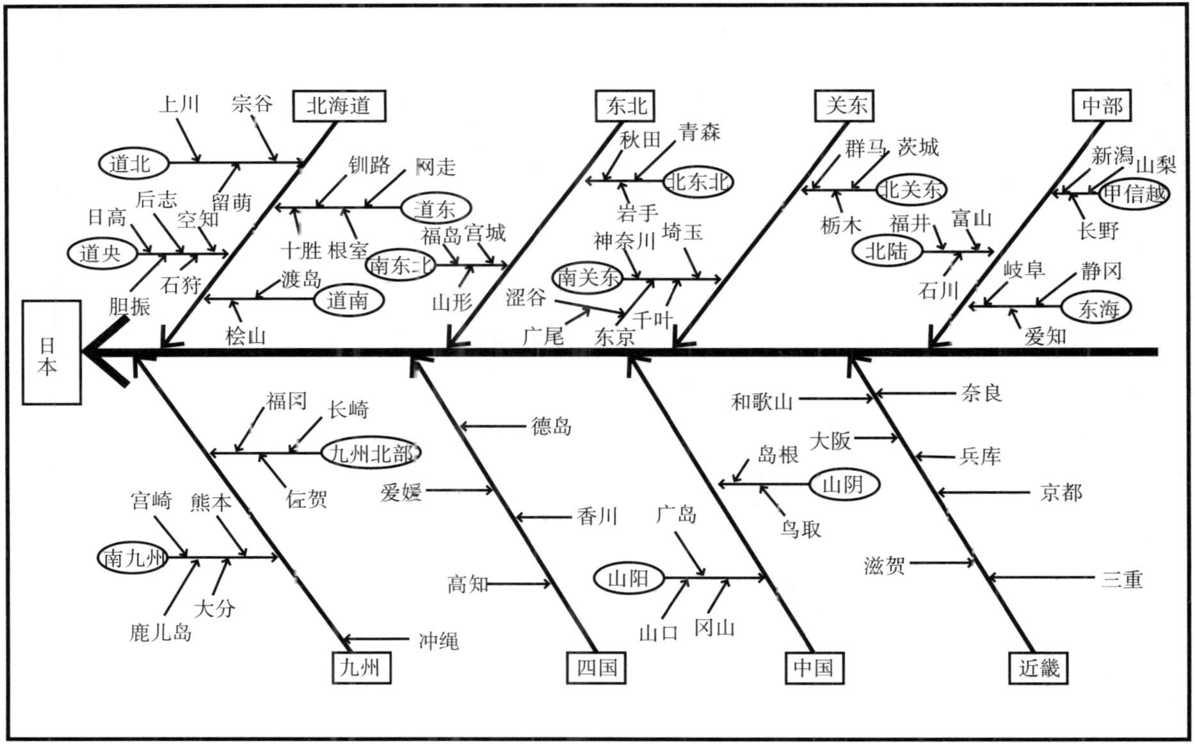
日本
北海道
上川
宗谷
道北
留萌
钏路
网走
道东
后志
日高
空知
道央
石狩
胆振
十胜
根室
渡岛
道南
桧山
东北
秋田
青森
北东北
岩手
福岛
宫城
南东北
山形
关东
群马
茨城
北关东
枥木
神奈川
埼玉
南关东
涩谷
广尾
千叶
东京
中部
新潟
山梨
甲信越
长野
福井
富山
北陆
石川
岐阜
静冈
东海
爱知
九州
福冈
长崎
九州北部
佐贺
宫崎
熊本
南九州
大分
鹿儿岛
冲绳
四国
德岛
爱媛
香川
高知
中国
岛根
山阴
乌取
广岛
山阳
山口
冈山
近畿
和歌山
奈良
大阪
兵库
京都
滋贺
三重

图 0–2

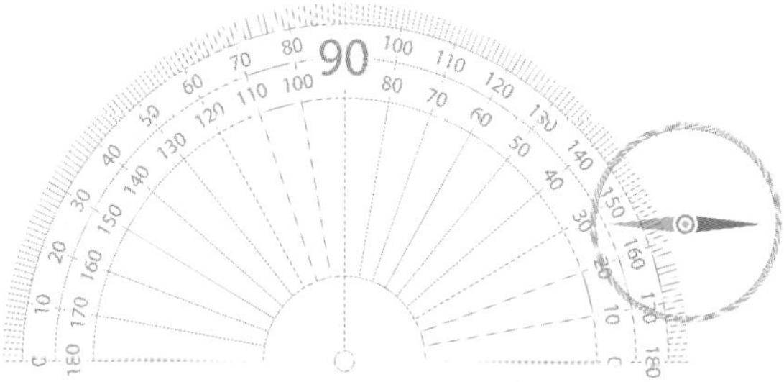

第一章

鱼骨笔记术

谁都能掌握！现在立刻就能开始的简单方法

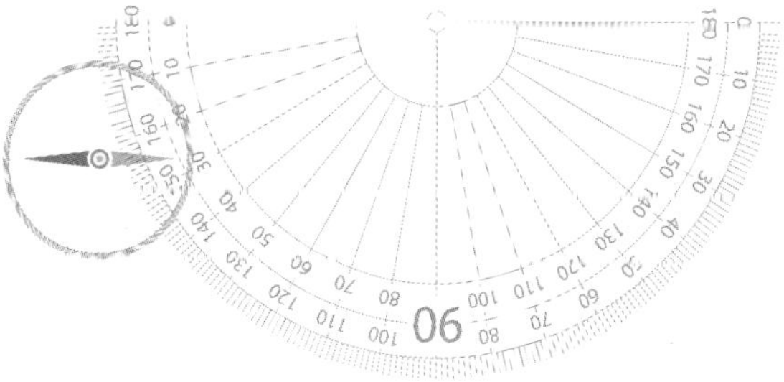

鱼骨的书写方法

鱼骨法，顾名思义，是将信息整理成鱼骨形状的一种笔记法。整体印象就是将鱼骨画在纸上。

基本顺序是写出鱼头，然后写背骨，然后是大刺，然后是小刺，按照这样的顺序书写即可。

头、背骨、大刺、小刺就这样！

下面会分 6 个步骤详细介绍应该如何书写。大家可以参考图 1–1 来进行理解。

在书写鱼骨之前，需要准备笔和纸。如前文所述，什么样的笔和纸都可以。

（1）鱼头

决定笔记的主题，然后将主题写在纸张中央的最左端，用方框或圆圈将其框起来。请将这看作鱼头。

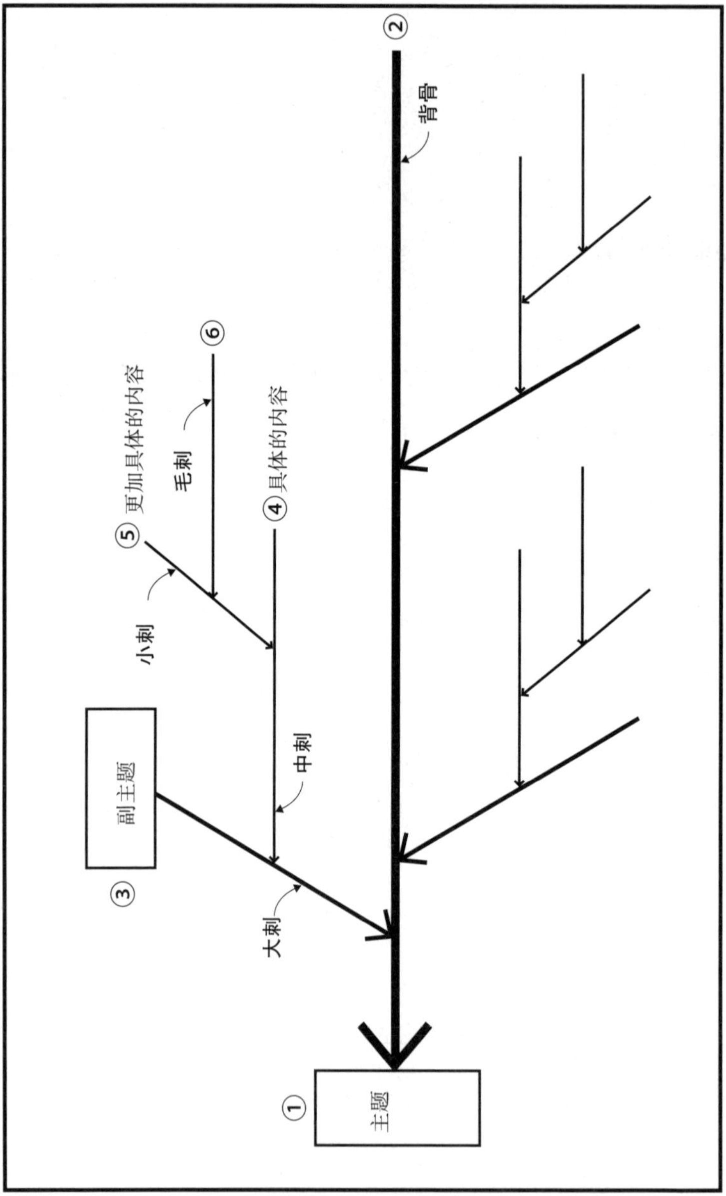

图 1-1 书写鱼骨的 6 个步骤

（2）鱼的背骨

沿着鱼头向右画一条（有箭头的）粗线。这是鱼的背骨。

（3）鱼的大刺

将主题分为 3 ～ 8 个副主题，并将其分布于背骨的周围，用方框或圆圈框起来，然后朝着背骨的方向画出有箭头的线。这是鱼的大刺。

（4）鱼的中刺

在各个副主题引申出的大刺周围进行更详细的内容补充，然后向着大刺的方向画出带有箭头的线。这是鱼的中刺。

（5）鱼的小刺

在中刺的周围进行更加详细的内容补充，向着中刺的方向画出带有箭头的线。这是鱼的小刺。

（6）鱼的毛刺

如果需要进一步书写详细内容，可以继续在鱼骨周围进行补充，然后用带有箭头的线将其与上一级鱼骨进行连接。这就是鱼的毛刺。如果依然有需要，还可以继续写出毛毛刺、毛毛毛刺……进行细分化。

刚开始不用想得太复杂，先拿起笔来试着写一下吧！

试着用“鱼骨”描述葡萄酒的知识

为了掌握鱼骨的书写方法，来试着写一个例子吧（见图 1–2）。

以什么作为题目都可以，在这里，我们试着写一写关于葡萄酒的知识。

假设我们将要去一家法式餐厅吃饭。

为了能够掌握一些关于葡萄酒的知识，上网进行查找，然后将网上找到的资料做笔记。

这个例子以互联网上的免费百科事典“维基百科”当中葡萄酒的信息作为信息来源。

如果有条件的话，可以在维基百科上用“葡萄酒”作为关键词进行检索，一边参考维基百科的信息，一边试着画出鱼骨。

主题是“葡萄酒的基础知识”。

什么样的纸和笔都可以，那么这次就用一张纸和一支铅笔吧。

（1）鱼头

首先，画出鱼头。将一张 A4 大小的纸横过来放，在纸的中间最左端写下题目“葡萄酒的基础知识”，然后用方框或者圆圈框起来。

（2）鱼的背骨

然后，画出鱼的背骨。从右侧向着鱼头（主题）的方向画一条有箭头的粗线。在这之后，想象着以这根背骨为轴，将搜集到的与主题相关的信息写在周围。

（3）鱼的大刺

为了画出鱼的大刺，可以先看着鱼头和背骨，将 3～8 个想知道的关于“葡萄酒的基础知识”（副主题）或能想到的内容写在背骨的周围，用方框或圆圈框起来。

例如，写下“什么是葡萄酒（概要）？”“葡萄酒的产地”“葡萄酒的制作方法”“关于葡萄酒的故事”等 5 个副主题，然后向着背骨的方向斜着画出带有箭头的线。

（4）鱼的中刺

将目光转移到各个副主题，添加更详细的信息。例如在“什么是葡萄酒（概要）”的大刺周围追加“种类”和“成分”做中刺。

同样，在“产地”的大刺周围添加“欧洲”“新世界”“日本”“其他”等关键词做中刺。

到这一层级时，对于是否要将关键词圈起来，没有特殊的要求。如果纸面的空间够用，用圆角的长方形将内容框起来，会更方便阅读。

（5）鱼的小刺

从大刺“什么是葡萄酒（概要）？”开始，到中刺“种类”等展开，然后再用小刺进一步详细化。

从中刺的“种类”开始，包括“红葡萄酒”“白葡萄酒”“无醇葡萄酒”“起泡酒”等等。

同样，在大刺“产地”周围的中刺“欧洲”，可以添加“法国”“意大利”“西班牙”“德国”“其他地区”等详细内容。

在小刺“法国”的周围还可以添加“波尔多（西南部）”“罗讷（南部）”“卢瓦尔（中部）”“香槟（东北部）”等法国不同的葡萄酒产区。

将每一根小刺都向“法国”方向画出带有箭头的线。

在周围补充了更为详细的内容后，朝着中刺的方向画带有箭头的线。

（6）鱼的毛刺

还可以将小刺的信息进行进一步补充和丰富。

例如，红葡萄酒是由黑葡萄或红葡萄制作的，与肉类搭配更好。

白葡萄酒是由白葡萄制作的，与鱼类菜品搭配更好。

在这里，就可以在小刺“红葡萄酒”上添加“黑/红葡萄”“肉 GOOD！”做毛刺，在小刺“白葡萄酒”上添加“适合搭配鱼类”做毛刺。

如果想要继续添加详细信息的话，可以在毛刺的下面继续追加毛毛刺（更小的刺）。

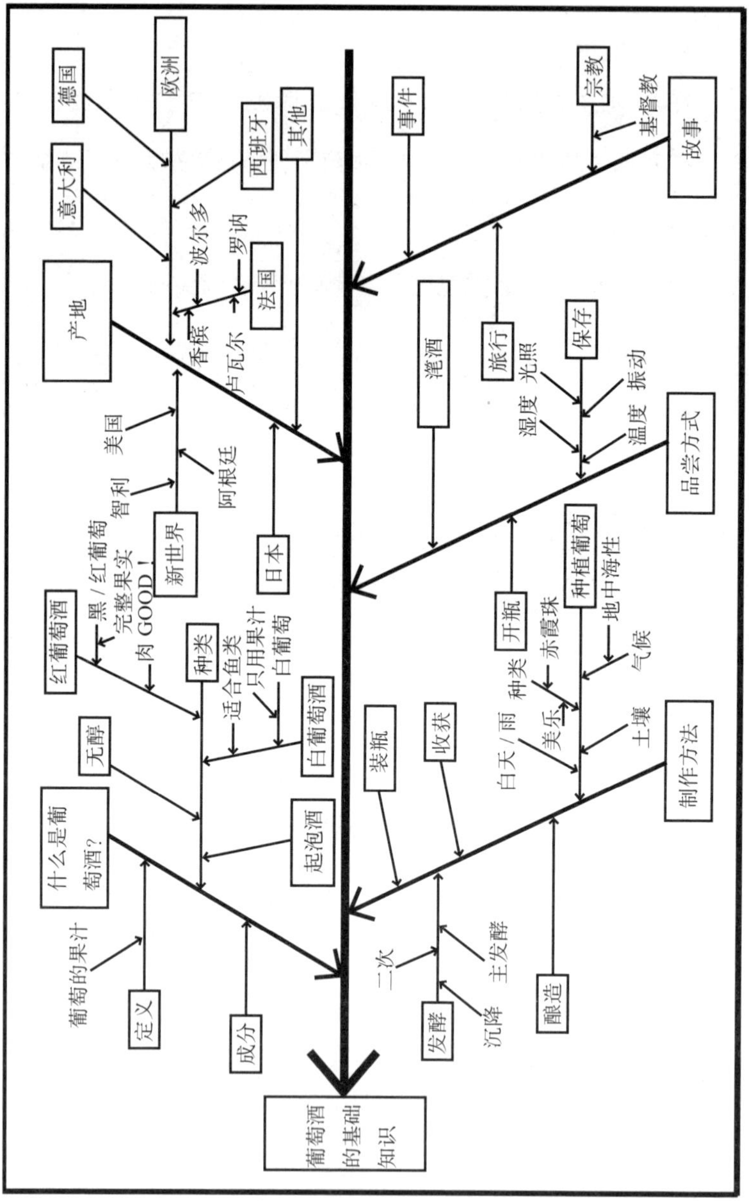

图 1-2　葡萄酒的基础知识鱼骨笔记示意图

例如，对于毛刺“黑/红葡萄”，可以添加“完整果实（进行发酵）”做毛毛刺，在毛刺“白葡萄”周围可以添加“只用果汁（进行发酵）”。

另外，在书写大刺、中刺、小刺、毛刺、毛毛刺……时，可能会遇到“空间不够写不下了”或是“想要就小刺‘法国’的葡萄酒进行更加详细的调查”等情况。

这时候只需要再拿出一张纸，将“法国葡萄酒的基础知识”做成鱼头，开始一个新的鱼骨就好。

这样一来，你是否很好地抓住了如何一边将文章化的信息进行分类和整理，一边将其视觉化的感觉呢？

鱼骨法可以将关于主题的整体内容归纳在一张纸里。

同时，它也能够实现“掌握整体”和“查看局部”。

在这里作为例子的“葡萄酒的基础知识”，到此并没有结束。

如果你自己从维基百科检索了葡萄酒的信息，可以试试根据维基百科的内容将这个鱼骨完成。

只需要整理出这样一张纸，就可以很好地习得关于葡萄酒的基础知识，与人交流时也可以多一个话题了。

一些小心思

相信你已经掌握了鱼骨笔记的书写方法，其实非常简单！

鱼头、背骨、刺、刺……仅此而已。

虽然没有除此以外的规则，但是也可以通过一点小心思来让笔记更完美。

那就是鱼头的朝向和摆放大刺的顺序。

鱼头在左边！

鱼骨法最开始是作为 QC 活动的道具而使用的，前面也介绍过它的别名叫作特性因果图。

如果翻看品质管理等书籍中对特性因果图的介绍，你可能会发现大多数书中的鱼骨图鱼头都是朝右的。

但是，作为“笔记法”使用的鱼骨图，将鱼头画在左侧使用起来会更加方便。这是因为横着写的时候，书写方向是从左向右的。

在阅读一页文书时，大多数人也习惯从左向右阅读。

因此，将鱼头放在左侧，书写起来会更加顺畅，而且更容易一边看着前面的内容一边继续往下写。

正如前文所举的例子，顺着鱼头继续写副主题 1、2、3、4……这样的书写方式可以随时确认前面写下来的内容从而继续往下记笔记。

这一点可以有效地提高记笔记的效率。

为了让主题位于容易看到的位置，建议将鱼头放在左侧。一边看着主题一边记笔记，可以更好地意识到现在正在书写的内容与主题之间的关联性，加深理解。

另外讲点儿题外话，在烤鱼或者是蒸鱼装盘时，将鱼头向左摆放是日本人的礼仪。这是因为将鱼头向左摆放，在用餐时更容易用右手拿筷子取用鱼身，这也是在正式的日式宴会中，地位比较高的人通常坐在左上方的原因。

无论是什么原因，与方便食用相同，方便书写也非常重要。

鱼骨从哪儿开始？

在决定了鱼头的方向后，为了将所有内容都保持在向着主题的方向，我们会将背骨用箭头与鱼头连接起来。

然后，画出作为大刺的副主题，基本上按照自己能想到的顺序即可，作为参考给大家提供几种常见的形式（见图 1–3）。

（1）将优先级或重要程度较高的内容写在离鱼头相对较近的位置（优先级型）

如果已经有一定的想法了，这样的书写方式可以有效表现内容对主题的影响和重要性。

（2）在背骨上方从左向右书写，然后在背骨的下方从左向右书写（并列型）

在开会或是商议事情需要记笔记时，这种笔记方法的好处是可以一边看着前面记录下来的内容，一边做新的记录。

（3）在背骨的上方从左向右书写，然后在背骨的下方从右向左书写（时针型）

基本感觉是从主题（鱼头）开始，再回到主题（鱼头）的状态，优点是笔记的内容不会断开，适用于记录故事性较强的或是讲座类型的笔记。

（4）将对立的内容分别写在背骨的上方和下方（对立型）

例如优点和缺点，自己能做到的事情和做不到的事情、个人与集体、外部环境与内部环境等，将对立的项目以背骨为中心，分别写在背骨的两侧。

这种写法可以在视觉上迅速掌握上下骨量的平衡，也就是相关信息量的平衡。

此外，还有提前决定好副主题，决定配置后根据配置进行书写的形式（框架式）。

如果已经在一定程度上搜集了一些信息，为了不将这些信息忘掉，刚开始可以一直写到大刺。

例如商谈等场合，需要掌握关键人物、预算、需求等信息，提前画好有大刺的鱼骨，可以有效预防信息缺漏。

这里介绍了优先级型、并列型、时针型、对立型等几种类型，但基本原则依然是先将想到的东西原原本本写出来。

就像我们以“葡萄酒的基础知识”为主题所讲解的鱼骨笔记法一样，头、背骨、刺、刺，就这么简单。

虽说方法很简单，但是在记笔记时，搭配以不同的颜色或图画进行视觉化，能够给人留下更加深刻的印象，更利于记忆。

虽说工具只要有纸和笔就行了，但是如果能再多花点心思，就可

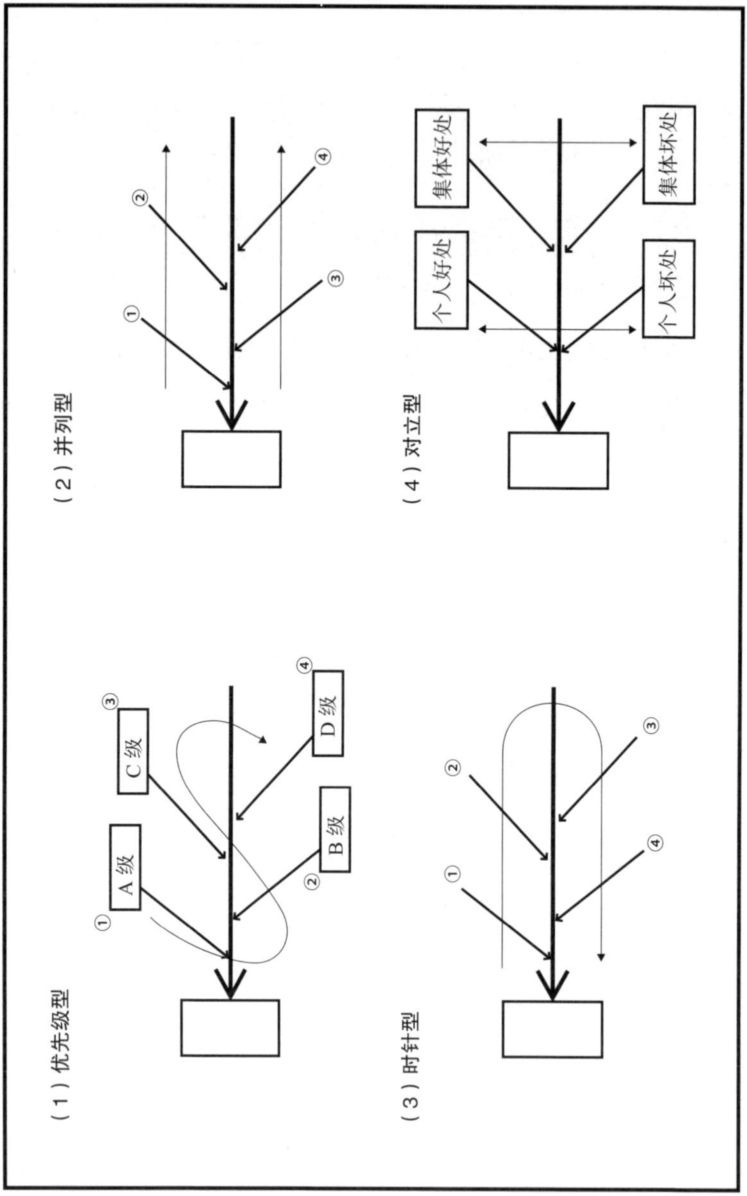

图 1–3 大刺的配置方案

以让笔记呈现更好的效果。

试试使用图画！

将作为鱼头的主题或是各个刺上的一些关键词换成图画来表示，印象会更加深刻，更易于记忆。

基本的做法很简单，依然以“葡萄酒的基础知识”为例，可以在上面添加酒瓶或是酒杯的图画，或是以在产地的国名处画出国旗来表示。

这样的操作可以将关键词可视化，与完全的文字罗列相比，给人的印象会更加深刻。即使画得不好看也不要紧。我们只是通过图画这种表现形式，加深自己对这一关键词的印象，能够达到这个目的就行！

因此即使你不擅长画画，也请多尝试一下。

其实我也没有什么绘画才能，刚开始时对这样的操作也很抵触，但后来发现画得不好也有画得不好的好处，那就是容易记忆。

试试使用颜色！

如果已经可以很好地使用图画了，那么与黑白相比，活用各种颜色可以提高鱼骨法的能效。

如果颜色运用得好，鱼骨也会变得更加活灵活现。

不但更易于记忆，也很容易发散思维。

综合使用图画和颜色是一种很好的方法，还有另外一个方法是根据大刺的不同大类使用不同的颜色，这也可以让人印象更加深刻。

此外还可以增加一些简单的规则，例如会议中的笔记，基本内容以黑色来书写，重点内容换成蓝色，有疑问的地方换成绿色，必须要做的事情换成红色，等等，按照颜色进行区分，可以让会议记录的内容更加一目了然。

在面部和背刺那里花些小心思！

迄今为止我们都是写下主题然后框起来作为鱼头的。

在这里也可以花点小心思。在鱼头部位真的画个鱼头，把鱼的脸也画出来，通过喜怒哀乐等情感的表达，让人可以对笔记整体想要表达怎样的内容有个初步印象。

例如，如果用鱼骨法解决来自客人的投诉，那么与画个框框框住“收到投诉”相比，简单地画个生气的鱼脸，就连客人的愤怒也能传达出来了（见图 1–4）。

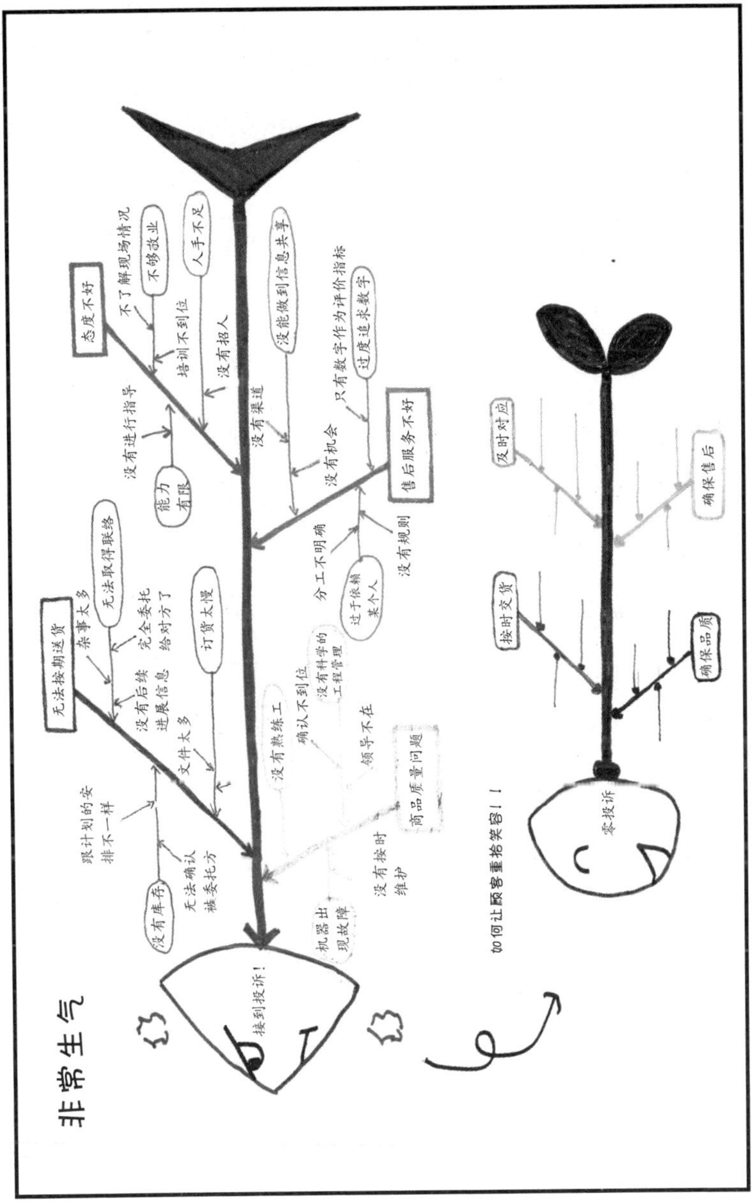
非常生气
接到投诉！
态度不好
不了解现场情况
不够敬业
人手不足
培训不到位
没有招人
没有进行指导
能力有限
没能做到信息共享
没有渠道
只有数字作为评价指标
过度追求数字
售后服务不好
没有机会
分工不明确
过于依赖某个人
没有规则
无法按期送货
杂事太多
无法取得联络
完全委托给对方了
没有后续进展信息
订货太慢
文件太多
跟计划的安排不一样
没有库存
无法确认被委托方
没有熟练工
确认不到位
没有科学的工程管理
领导不在
商品质量问题
没有按时维护
机器出现故障
如何让顾客重拾笑容！！
零投诉
及时对应
确保售后
按时交货
确保品质

图 1–4

此外，在背骨上花点小心思同样可以提高表现力。

不仅是鱼骨图，思维导图等将思考可视化的技法也很容易出现同样的问题，那就是结论不够明了。

在此可以将对于主题（鱼头）的结论（了解的东西、想要表达的内容）写在画得粗一点儿的背骨上。

这样，只需要看到鱼头和背骨，就能迅速掌握这个主题和结论了。

不必过于纠结工具

鱼骨法的基本就是将鱼头、背骨、刺、刺……用笔写在纸上，简单！便利！自由！想写的时候就能写。

因此，不存在不是这样的笔就写不了，或是不是那样大小的纸就写不了的情况。

同时，也可以通过一些特定的工具来发挥自己的个性，确保笔记效果的同时，也让自己记笔记记得更开心。

为了让鱼骨笔记法更容易使用，想要记笔记的时候，手边的传单或者购物小票都能够实现，然而便利的同时也有它的缺点，就是可能会不小心弄丢了。

为了避免这样的情况，鱼骨笔记依然可以记在手边的纸上，在那之后将其贴在笔记本中，做成属于自己的数据库。

此外，在笔的选择上，如果是铅笔的话，易于准备，想要修改时也容易修改。但是从视觉效果上来看，铅笔没有十分突出的效果。

如果有想要强调的内容或是比较重要的内容，可以用带有颜色的笔让黑白的鱼骨图变得更加生动。

强调视觉效果，让记笔记成为有乐趣的事情，也可以增强记忆和理解。

活用框架

说了一些关于工具的话题后，让我们再回到鱼骨笔记的写法上来。

按照鱼头、背骨、刺、刺……的方式来进行书写，是否出现了写着写着就停手了的情况？

这种情况经常出现在画好背骨之后。

“接下来该向着背骨方向画上几根大刺了，画什么项目好呢？”到这里手就很容易停下来。

如果是看书或者是听讲的话，按照书的目录或是讲义的章节，画出大刺的项目并不会很难，但是如果是需要自己想出来的内容，就会变得很难。

在这里，可以选择非常好用的框架格式来解决。

前人的智慧

框架是一种易于思考和总结的格式。

框架来自前人的智慧，“用这样的框架通过这样的角度去思考，可以获得很好的效果”。

实际上，目前已经有很多成熟的框架了。

使用框架进行思考的方法叫作框架思考法。通过框架思考，谁都可以周全地思考问题。

此外，最重要的是掌握了大刺的框架，就可以迅速提高书写笔记的速度。

已经写出了鱼头和背骨，但是不知道如何进行详细的分类，那么就让我们试试来自前人的智慧吧。

有代表性的框架

接下来，给大家介绍几种非常有代表性的框架（见图 1–5）。

（1）5W1H

首先是 5W1H，很多人在学生时代学习英语的时候接触过这种方法。

5W1H 是指 What（何事）、Why（何因）、Who（何人）、When（何时）、Where（何地）、How（何法）。从 5W1H 的观点出发，鱼的大刺需要 6 根。

如果是阅读报纸或者杂志的报道，会发现它们基本上都会包含 5W1H，5W1H 在需要了解现状进行信息收集时，或在解决具体问题时是非常有效的。

（2）人、物、资金、信息

公司的经营资源“人、物、资金、信息”也可以作为一种框架。

可能有人在看到经营资源几个字时会觉得太夸张了，认为其不能成为常用的框架。但其实，在我们的日常生活中，需要进行管理的内容往往也可以按照“人、物、资金、信息”来进行分类。

例如在考虑搬家事宜时，人＝家庭成员、本人等，物＝家、车等，资金 = 工资、房租等，信息 = 报纸、互联网等。

（3）SWOT

想要掌握自己或是公司的现状，SWOT 是一种很有效的框架。

SWOT 是指 Strength（优势）、Weakness（劣势）、Opportunity（机会）和 Threat（威胁）。

SWOT 是将自己或公司的内部环境分出优势和劣势，将外部环境分为机会和威胁的思考方式。

如果觉得机会和威胁不是很好理解，把它理解为顺风或是逆风就好。

例如，在想要换工作时，可以将自己的优势、劣势，跳槽时可能碰到的顺风和逆风的原因作为鱼骨图的大刺。

（4）3C

在想要了解商业环境时，使用 3C 框架可以得到很好的效果。

3C 是指 Customer（顾客、市场）、Company（公司）和

Competitor（竞争对手）。

从商业角度来看，了解顾客是第一步，公司需要去思考如何将顾客想要的东西与自己公司的强项相结合。

但是能够为顾客提供满足他们需求商品的公司不止自己一家公司，因此还必须了解竞争对手。

虽然不是孙子兵法，但也要做到知己知彼。

（5）4P

依然是数字与字母的组合缩写，4P 是在思考向顾客提供怎样的价值时经常使用的框架。

4P 是指 Product（产品）、Price（价格）、Promotion（推广）和 Place（渠道）。

4P 也被称为产品营销组合策略，能够将 4 个 P 调整到合适的组合，就能够为顾客提供更契合的价值。

（6）4M

在思考工作现场的问题时，经常会使用 4M 框架。

4M 是指 Man（人）、Machine（机器）、Material（物）、

Method（方法）。

鱼骨法最开始作为一种品质管理工具在工作现场使用时，为了能够了解和改善生产现场的状况，会将4M作为大刺来使用。

即使不是生产现场，从4M的观点来看，将机器替换为设备、设施，将物替换为素材、商品等，就能够在其他工作现场广泛使用了。

（7）进程

在思考大刺的时候，进程框架出人意料地有效。

“期间前、期间、期间后”“过去、现在、未来”“早上、中午、晚上”“购买、生产、物流、销售、售后服务”“订货、出货、请款、回款”等等。

在这些进程中，尤其是“期间前、期间、期间后”可以在很多场合使用。

例如，“会议前必须要做的事情、会议中必须要做的事情、会议后必须要做的事情”等等。

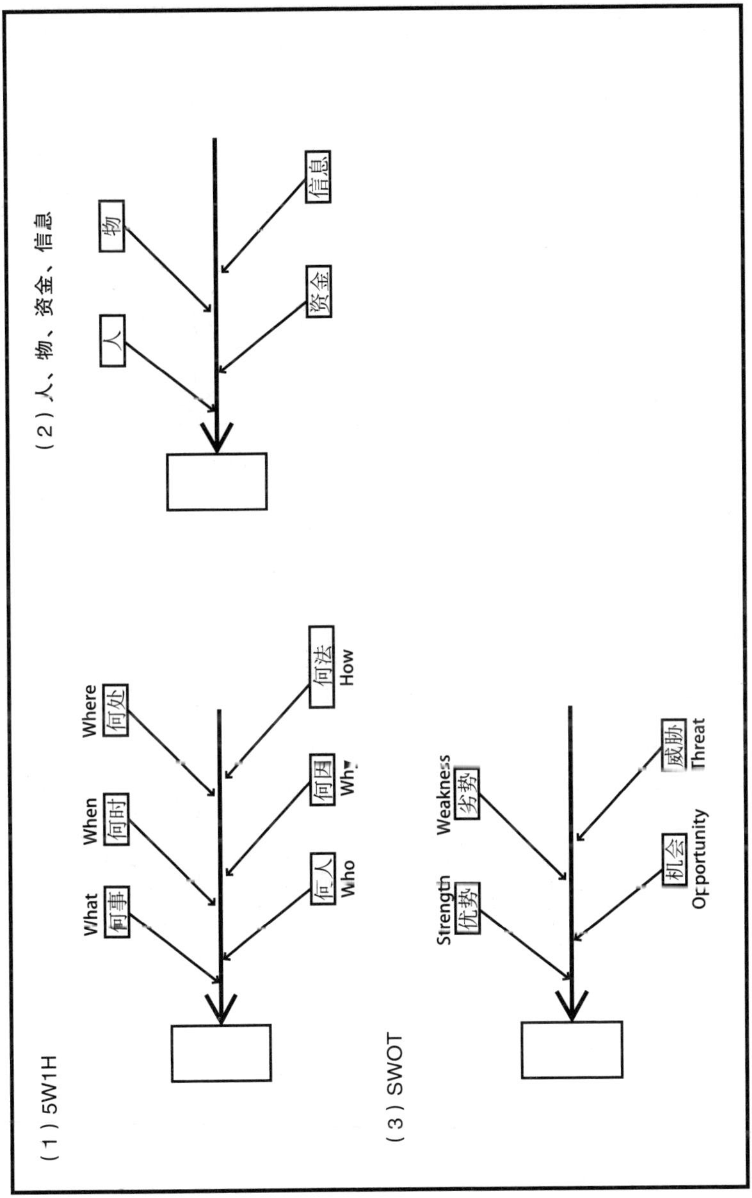
（1）5W1H
What 何事
When 何时
Where 何处
何人 Who
何因 Why
何法 How
（2）人、物、资金、信息
人
物
资金
信息
（3）SWOT
Strength 优势
Weakness 劣势
机会 Opportunity
威胁 Threat

图 1–5a

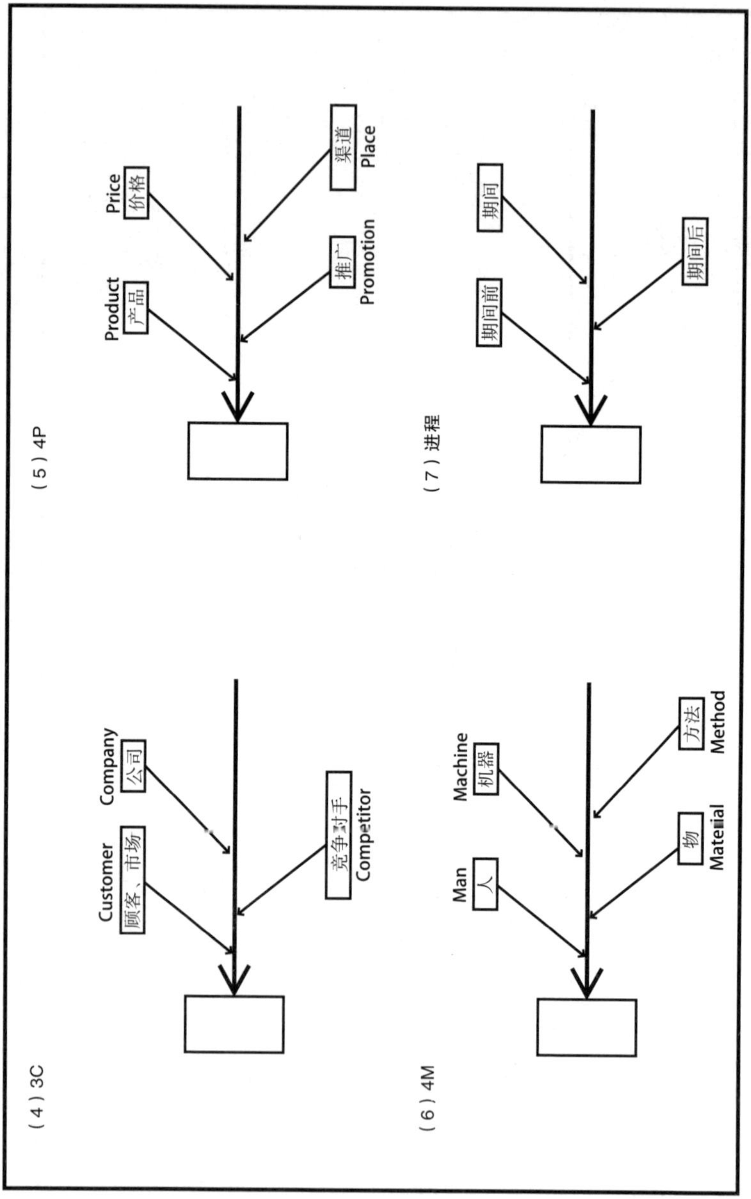
（4）3C
Customer
顾客、市场
Company
公司
竞争对手
Competitor
（5）4P
Product
产品
Price
价格
推广
Promotion
渠道
Place
（6）4M
Man
人
Machine
机器
物
Material
方法
Method
（7）进程
期间前
期间
期间后

图 1–5b

除了在这里介绍给大家的框架之外，还有很多来自前人智慧的框架，感兴趣的读者可以在网上检索“框架思考”或“框架思维”来参考。

在我的另外一本书《最新明了解决问题的实践与构造书》中，也有对 3C、4P、SWOT 等其他框架的介绍和解说。

并不需要大家记住所有的框架方法，推荐大家选择适合自己使用的框架。

框架看上去结构很简单，实际使用起来却会发现它是非常有深度的。

大多数的框架都是有效的，如果能够进行灵活运用，说不定会发现自己平时思考中没有注意到的事情，获得意想不到的效果。

但是框架思考也不是神奇的魔法，不能完全依赖它，而且也不是所有的情况都适合使用框架。

框架不过是在实施鱼骨笔记术时根据目的和需求帮助我们画出大刺的参考手段，可以起到加深思考的作用。

第二章

鱼骨学习术

能够有效帮你提高外语学习、记忆、速读、听讲水平，并通过资格考试的方法

知道→理解→掌握

我们为了能够更好地工作或是让人生变得更加丰富多彩，会通过读书或是参加讲座等方式获取信息（知识）。

但是很遗憾，很多我们分明应该记住的信息（知识）在大脑中没能存在多久便消失得无影无踪了。

你还记得半年前听过的讲座讲了些什么内容吗？

参加讲座的确能够获取新的信息，但令人遗憾的是，在那之后，很多人连当时的恍然大悟感都回忆不起来了。

特别是在接收的信息是未经过整理的非体系化信息时，人们更容易忘记。想要记住未经整理的零散信息是非常困难的。

我们在获取信息时，并不是单纯地接收信息，而是需要将信息进行合理的分类、整理和理解。

如果能够进行合理的分类和整理，就证明已经理解了这件事。

在鱼骨法中，信息被分类整理为大刺 1、大刺 2、大刺 3……的大类，然后每个大刺又分出中刺 1、中刺 2、中刺 3……每个中刺又可以进一步分出小刺 1、小刺 2、小刺 3……

鱼骨法非常适合对接收的信息进行合理的分类和整理。只要画出鱼骨，信息就被分类整理好了。

也就是说，画好了鱼骨，信息就能被理解了。

但是已经理解的信息，不去加深记忆也无法很好地加以应用。在商务场合，可能还会遇到将新掌握的信息与记忆中的知识和情况加以对照再去判断能否解决问题的情况。

我们需要一个“知道”→“理解”→“掌握”的过程。

达到“掌握”这一程度时，“获得商业上的成功”或是“丰富人生的体验”得以实现的可能性会更大。

鱼骨法是达到“掌握”之前帮助我们实现从“知道”到“理解”和记忆的有效工具。

明天，你会忘掉今天 74% 的记忆

人类的大脑并不擅长记忆没有任何脉络关系的分散信息，也不擅长记忆自己并不关注的信息。

通过看书或听讲座获取的信息，即使当时理解了，过一段时间仍

会忘掉。

人类基本上是一直在忘记东西的。

而且忘记的速度还很快。

你是否听说过艾宾浩斯遗忘曲线呢？

根据德国心理学家艾宾浩斯的研究，大脑在记忆 1 小时后会忘掉 56% 的内容，记忆 1 天后会忘记 74% 的内容。

由此可见，一天时间记下来的大部分内容都会被我们忘掉。

不过，艾宾浩斯在实验中所使用的是相互间毫无关联的文字。

如果是我们想要主动记住的、经过体系化的学问，忘记的速度会稍微慢一点儿。

虽然这么说，但是原本应该记住的东西还是会以惊人的速度被遗忘，这是很正常的。

那么，怎样做才能不忘掉它们呢？

记忆可以分为在短时间内能够记住的“短期记忆”和在长时间内能够记住的“长期记忆”，这其中，“短期记忆”的信息会随着时间的流逝以很快的速度被我们忘却。

因此，我们只能尝试着将“短期记忆”提升到“长期记忆”的层级。

这里有一个非常有效的方法，心埋学称之为“彩排”。

彩排又分为“持续性彩排”和“精致化彩排”。

关键词是“重复”和“关联”。

首先，以忘记为前提，通过“重复”来记忆。在忘记的时候重新记忆。（持续性彩排）

为了更好地进行重复记忆，需要将记忆的内容整理得简单易懂。

鱼骨法可以将信息全部整理到一页纸上，查看起来非常方便。

强化记忆的“分组”和“勾连”

但是，即使反复记忆，我们记住的东西依然在“短期记忆”的领域，不知何时又会被忘掉。

为了让“短期记忆”变成“长期记忆”，需要将“想要记住的内容”与“其他内容”进行关联，对记忆进行重新构造。（精致化彩排）

具体做法是将分散的信息加以整理（分组），然后将信息与信息进行关联（勾连）。

记忆是神经元与神经元的连接。

因此可以说记忆就是连接，如果信息与信息能以连接起来的形态存在，记忆就会更加稳定。

将信息进行适当的总结，然后去思考它们的关联，这才是记忆的关键。

而鱼骨法中将信息总结成大刺，大刺周围作为小刺的信息与大刺的信息能够进行关联，这种方法非常适合记忆。

如果想要进行记忆，将需要记住的信息用鱼骨法进行可视化，然后反复学习，这是最好的方法。

鱼骨速读法

在这个飞速发展的时代，如何更好地梳理信息，从而进行学习，不但对工作非常重要，对个人的成长也有着巨大的影响。

每个月读 5 本书的人，与每个月读 1 本书的人相比，一个月就会产生 4 本书的差距，一年就是 48 本，5 年就是 240 本。

如果在专业领域知识量都会带来如此巨大的差距，那么能够灵活运用的知识量所带来的差距也是显而易见的。

为了能够向外输出，向内输入也非常重要！

我以前也没有特别在意看书这件事，直到有一天给自己定下了每年读书 100 本的目标后，才将读书坚持了下来。

实际上，如果用鱼骨笔记术来配合看书的话，看书的速度会有明显的提升，对内容的理解也能更加深入。

我订阅了 7 份杂志和 6 份报纸。

当然，我也不是对所有内容都过目。我们需要对信息加以取舍和选择。

我们可以将信息分为需要进行熟读的内容、挑重点阅读的内容和只在有需要的时候将其拿出来参考的内容。

适合鱼骨读书法的对象是需要进行熟读的内容和挑重点阅读的内容。

在看书的过程中或者看完之后，即使当时已经获得了想要获取的信息，或是作者的观点和思考，稍过一段时间之后也会很容易忘掉。你是不是也经历过“这话我在哪里看到过来着？”“×× 理论是说什么来着？”然后再去翻书寻找画线笔记的情况呢？

即使在阅读时觉得这部分很重要，还用下划线做了标记，该忘记的还是会忘记。

这是因为当时我们并没能真正理解和消化这些重要内容，重复工作还会降低时间效率。

要想记住不忘，只能通过将信息可视化后反复记忆来实现。不妨试试用鱼骨法将书中的信息整理到一张纸上吧。

“不忘记”“可视化”是能够加深理解的速读的关键。

鱼骨读书法

接下来我将对鱼骨读书法的流程进行说明。

说是流程，但依然遵循鱼骨法的基本方式，即鱼头、背骨、刺、刺……只是将其与读书法相结合，需要确认几点。

读书的目的不同，方法也会有所不同。有时需要逐行逐句体会的精读，有时需要了解全书体系的从头到尾的通读，有时需要了解大概内容的快速翻阅，有时需要根据自己的需求挑重点进行的阅读……

不同的需求需要不同的阅读方式，我们将目光放在如何从众多书籍中选出自己所需的内容，理解它的体系，并将书本中的信息通过再构造变成自己的东西。

（1）明确目的

首先明确阅读这本书的目的是什么。或者说想要通过阅读这本书得到什么?

我们可以通过书的封面或是书名来推断阅读这本书可以获得什么。

（2）确认图书

拿起一本书后立刻开始阅读正文，相当于不带地图就外出旅行。

在明确了读书的目的（目的地）后，需要先寻找最适合达到目的的方法。

首先，通过目录、前言、后记、附录等对书的内容、面向的读者群以及书的难易程度进行确认。

书的目录直接反映了书的构造，相当于鱼骨图中的大刺和中刺。此外，阅读前言或后记，有助于理解书的结构。

然后，将书从后向前唰啦唰啦翻一下，不需要进行阅读。

最后再一次明确自己要读这本书的目的，然后翻看几分钟。

通过这样的过程，相信你已经对书中的一些关键词或文章有印象了。尤其是那些与阅读目的相关联的关键词，已经留在了你的脑海里。

可能有些人不喜欢在阅读之前将书翻到最后，但如果是希望将书中的内容活用于工作或是学习，与追求阅读速度相比，将结论作为轴心进行阅读反而能够更好地理解作者的意图。

（3）准备

终于可以开始落笔书写关于书的鱼骨图了。

先准备笔和纸，相对大一点儿的纸可以写下更多的内容，如果有其他颜色的笔可以从视觉上给人更多的刺激。

但是为了创造能够随时随地读书的条件，写在书皮内侧或是腰封反面也是不错的选择。

如果写在书皮内侧或是腰封反面，鱼骨图就可以一直与书在一起，事后想进行查阅也会非常方便。

如果想要将读书笔记数据库化，可以通过复印的方式实现。

（4）鱼头和背骨

在步骤（2）确认图书的过程当中，你应该已经对想要阅读的书籍有一个大概的印象了。

以这个印象做鱼头写下关键词或者画出图画，然后向着鱼头的方向画出背骨。

如果还没有什么具体的印象，将书名的一部分作为鱼头也可以。

以我另外一本书《最新明了解决问题的实践与构造书》为例，可以把“解决问题”作为关键词，因为写了很多解决问题的方法，我在鱼头旁边画了一个工具箱（见图 2–1）

（5）将目录做成鱼骨

画好鱼头和背骨后，可以用目录中各章节的关键词，或是以其为印象画出图画组成鱼骨。

通常书的内容会分为几章，每章又会分成几节，可以将目录中的章作为鱼骨图的大刺，节作为鱼骨图的中刺。

至此，这本书的构造已经跃然纸上了。

《最新明了解决问题的实践与构造书》这本书由 7 章组成，朝着背骨的方向画出 7 根大刺，然后将各章的标题写在大刺顶端。

如果可以将各章的标题进行理解后自己总结出关键词，不但有助于加深理解，还更容易记忆。

这里我注意到了第一章的副标题“预备知识”，将其作为解决问题的基础写在了鱼骨图上。

然后根据第二章和第三章的标题“独自思考”和“集体思

考”，联想画出一个人思考的图和小组讨论的图。

第四章是讲“树形思考”，第五章是“框架思考①”，第六章是“框架思考②”，第七章是“总结、传达与实施”，根据不同的关键词，在鱼骨图周围配置不同的图画。

这里以第一章为例（见图 2–2），第一章作为解决问题的预备知识，内容包括：1.1“什么是问题－什么是差异”，1.2“通往解决问题之路”，1.3“解决问题的流程”，1.4~1.6“思考方法 1~3”。将这些关键词或是基于关键词印象画出的画作为中刺。

（6）追加小刺

将目录做成大刺和中刺后，对书的构造也有了基本的了解。

如果是关于商务的书籍，通常都会有较强的逻辑性，构造也比较科学，画出来的鱼骨图的平衡感也会一目了然。

不管怎么说，到了这一步，我们已经获取了阅读本书的地图。

然后随着书籍的阅读，将通过书籍内容获取的关键词或关键内容作为小刺追加到鱼骨图里即可。

（7）完成

随着一点一点追加的小刺、毛刺，我们可能会发现一些新的鱼骨与鱼骨之间的关联。

对于这些部分，我们可以通过箭头、颜色或是特别标注等来进行表示。

通常一本书中不太会出现对立的观点或者平行的观点。但是鱼骨图中的大刺可以通过箭头等标记实现关联。

在鱼骨图的左上角写上作者、书名、出版社、出版时间等书的基本信息，鱼骨图就完成了。看着完成的鱼骨图，就可以俯瞰整本书的内容了。

将作者所构建的这本书的构造客观地填入信息，这就是鱼骨读书笔记的基本方法。

但是也没有必要从头到尾严格按照鱼骨的构造去丰富内容，读书时还是要尽可能地带着一些主观能动性，更加积极地去阅读。

鱼骨读书笔记并不是为了进行信息整理而存在的，而是将书中的

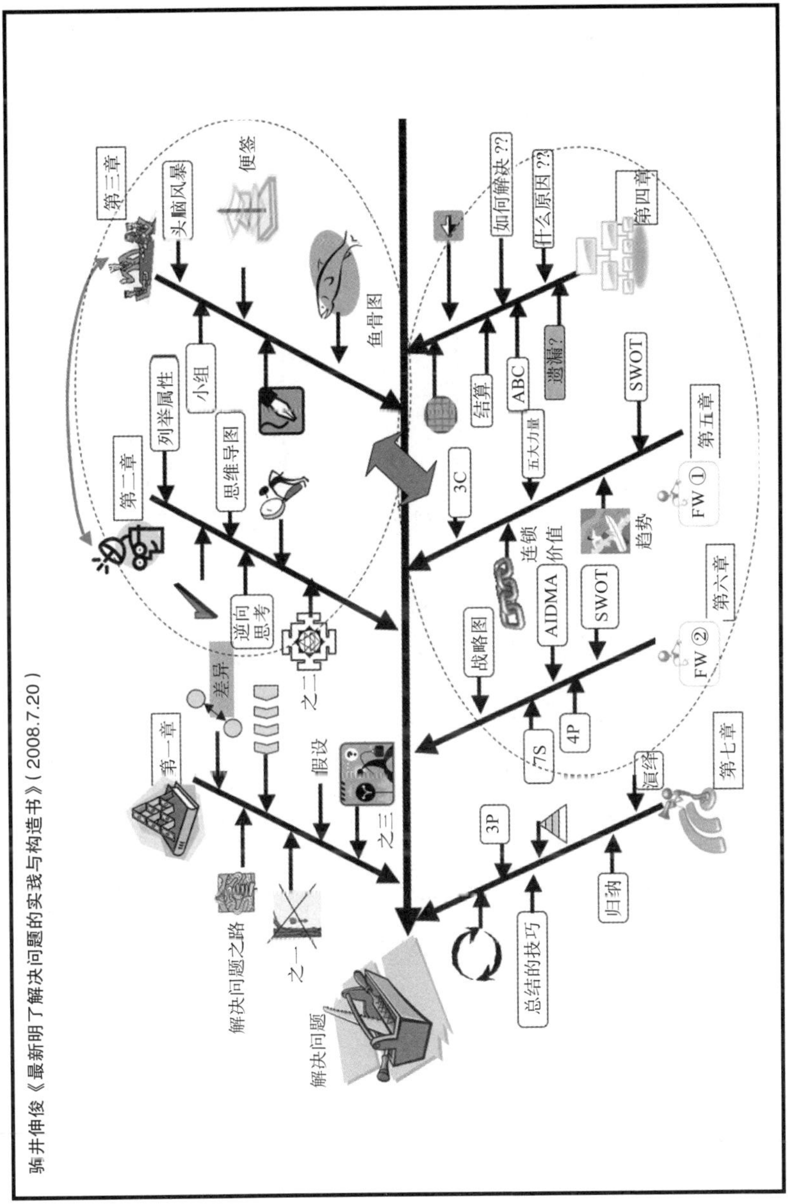
第一章
第二章
第三章
第四章
第五章
第六章
第七章
头脑风暴
便签
鱼骨图
小组
列举属性
思维导图
逆向思考
之二
差异
假设
之三
解决问题之路
之一
解决问题
如何解决 ??
什么原因 ??
结算
ABC
遗漏 ?
SWOT
五大力量
3C
连锁价值
趋势
FW ①
AIDMA
SWOT
战略图
FW ②
7S
4P
3P
演绎
归纳
总结的技巧
驹井伸俊《最新明了解决问题的实践与构造书》(2008.7.20)

图 2–1

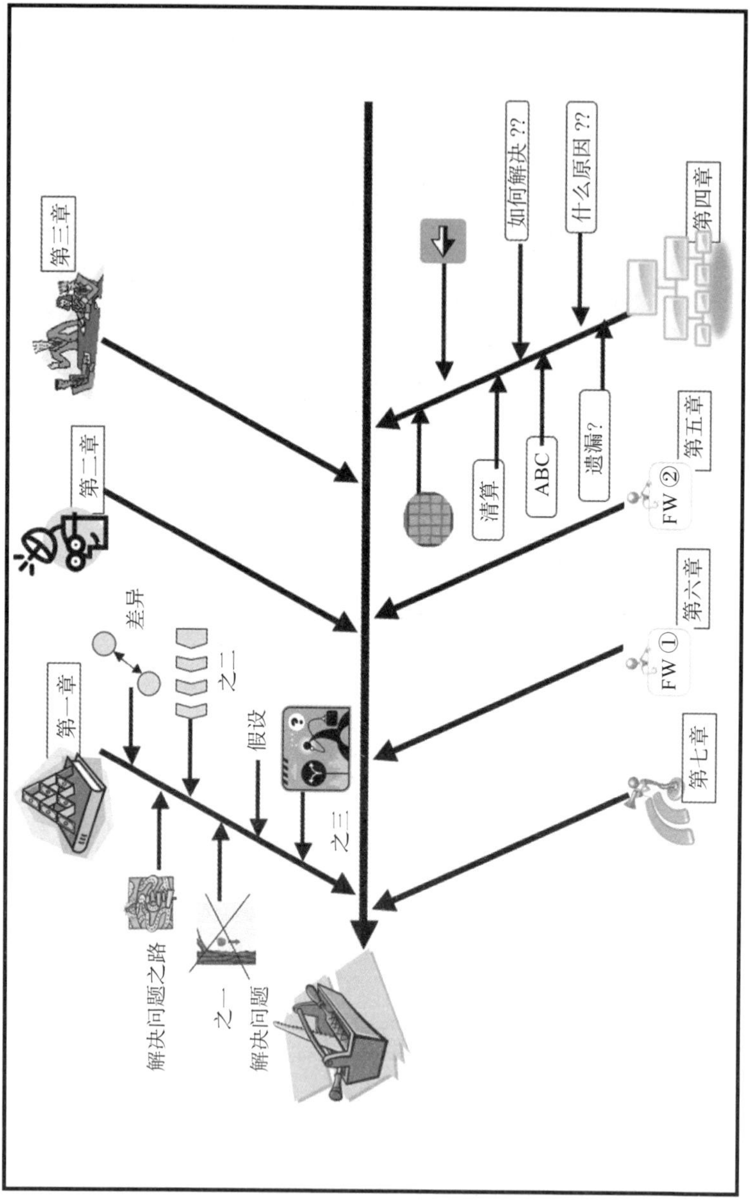
第三章
第二章
第一章
差异
之二
假设
之三
解决问题之路
之一
解决问题
如何解决 ??
什么原因 ??
第四章
清算
ABC
遗漏？
FW ②
第五章
FW ①
第六章
第七章

图 2–2

章节构造写成大刺，然后根据自己感兴趣的内容或是自己的理解加入新的大刺，用自己的见解重新构造这本书。

此外，也没有必要将书中的内容都反映到鱼骨图上。

可以根据阅读这本书的目的，只将自己感兴趣的章节做成鱼骨图。也可以根据作者所提供的信息，在阅读和理解的基础之上，画出自己构造的鱼骨图。

在不以目录为参考绘制鱼骨图时，我通常会留心以下这些地方。

在鱼骨读书法当中，把确认书籍时获得的印象作为鱼头，然后画出背骨，这时将背骨画得粗一些。

在这之后，可以在背骨处写下读后感或是对书的意见，使阅读这本书之前的印象和阅读之后的感想有一个相对直观的比对。

这样在构造鱼骨的大框架时难度也不会太大，将最初的印象作为鱼头，将读后感作为背骨，周围的小刺则由书中的信息构成。

再以林成之先生所著的《锻炼胜负脑的方法》一书为例（见图 2–3）。

由于不是阅读书籍后重新整理的笔记，因此平衡感和外观看上去可能不是很理想。但是通过回顾这页笔记，很容易想起《锻炼胜负脑的方法》一书都讲了些什么。

说到阅读这本书的目的，正如书名所说，是想知道如何才能锻炼出“胜负脑”。

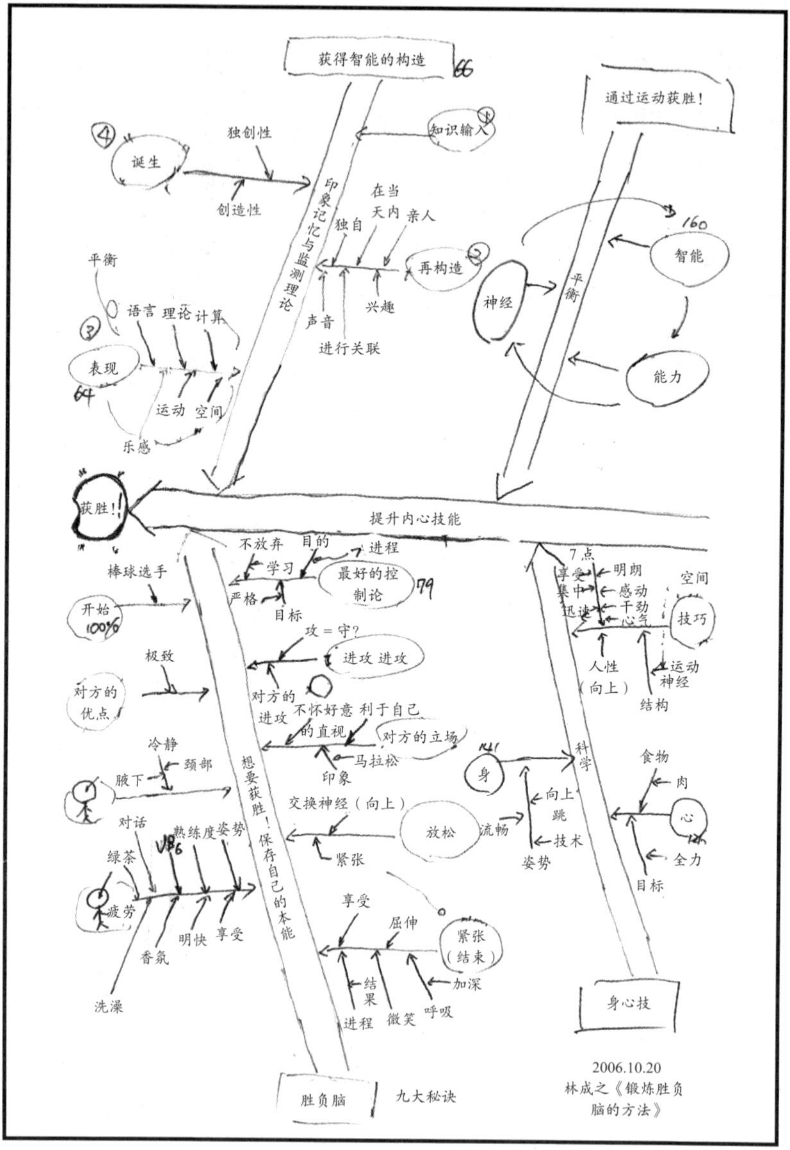

获得智能的构造
通过运动获胜！
知识输入
诞生
独创性
创造性
印象记忆与监测理论
在当天内
独自
亲人
再构造
声音
进行关联
兴趣
平衡
语言 理论 计算
表现
运动 空间
乐感
神经
智能
能力
获胜！
提升内心技能
不放弃
目的
进程
学习
最好的控制论
严格
目标
棒球选手
开始 100%
攻＝守？
进攻 进攻
极致
对方的优点
对方的进攻
不怀好意 利于自己的直视
对方的立场
马拉松
印象
冷静
颈部
腋下
想要获胜！保存自己的本能
交换神经（向上）
放松
紧张
流畅
对话
熟练度姿势
绿茶
疲劳
香氛
明快
享受
洗澡
享受
屈伸
紧张（结束）
加深
结果
进程
微笑
呼吸
7点
享受
集中
迅速
明朗
感动
干劲
心气
空间
技巧
人性（向上）
运动神经
结构
科学
身
向上
跳
技术
姿势
食物
肉
心
全力
目标
身心技
胜负脑
九大秘诀
2006.10.20
林成之《锻炼胜负脑的方法》

图 2–3

因此，我将焦点放在了锻炼大脑的方法上，首先对书名、目录、序言、后记进行了翻阅，然后从最后一页向前大致翻了一下。

之后，从序言开始阅读，将感兴趣的、想要记住的内容记录在了鱼骨图上。

举这个例子是想说明，我们并不是将目录原封不动地拿过来做成鱼骨。

从顺序上来讲，首先，需要画一根大刺，然后围绕大刺画出一些相关联的中刺，然后再画小刺。

例如，第一章“获得智能的构造”中，将与其相关的流程经过自己的理解后总结出中刺①～④，然后在序言和第一章的阅读中逐一添加小刺。

阅读完第一章后，在大刺当中增加与“获得智能的构造”相关的关键词。

在这之后，随着阅读的继续，在鱼骨图上画出关于第二章“胜负脑”、第三章“身心技”和“通过运动获胜！”的部分，最后在背骨处写下读完此书的感想。

回顾《锻炼胜负脑的方法》的鱼骨图，可以发现它是将书中输入的知识以鱼骨的形式进行了重构，然后将其输出，这正是书中也提到的“获得智能的构造”。

最后，只需在上面再添加一些独创性的内容。

听讲时也可以使用！

去参加成功的商业人士或是业内专家的讲座，也是获取信息的重要途径。

在参加讲座记笔记时，使用鱼骨法会非常有效。

说是用于听讲记笔记的鱼骨法，但实际方法并没有太大的变化。

（1）明确目的

为什么来参加这个讲座。

（2）确认氛围

虽然讲座不能像书一样进行确认，但是可以通过讲座的题目、小册子、参加者、会场的氛围来推定讲座的性质。

（3）准备纸和笔

既然是来参加讲座的，相信你已经准备好了纸和笔。如果可以提前查看会场状况的话，可以事先了解一下会场是否有能够铺开笔记本的桌子。

如果不确定会场的情况，可以准备一个相对较大的、有硬壳的笔记本，以免遇到没有桌子或是只有扶手椅的情况。

如果能够铺开笔记本，可以同时使用笔记本的左右两面；如果桌子比较小，将笔记本横过来使用单面也可以。

（4）鱼头和背骨

根据讲座的题目、小册子、会场的氛围给你的印象写出鱼头。

给大家推荐一个有点儿特别的方法，可以将演讲者的样子画在鱼头旁边，像漫画人物说话一样，让关键词从演讲者的嘴里说出来。

这样在之后复习时，能够回想起演讲者的样子，以此为契机，更容易回想起参加讲座时现场的情景。

在去其他公司拜访时，可能会同时与几位陌生人交换名片，回去之后很难分清谁是谁。你是否也有过类似的经历?

不要将信息拘泥于文字，将面部、身材、装扮等特征用简单的图画进行强调，之后会更容易回忆起来。

（5）将目录做成鱼骨

如果讲座资料中对讲座内容进行了分类，那么可以直接拿过来当作大刺。如果没有资料或是资料并没有对讲座内容进行分类，可以根据讲座题目选取关键词当作大刺，或者假定讲座会按照背景、论点 1、论点 2、论点 3……结论的进程，根据讲座的进展情况调整大刺。

（6）追加小刺

在讲座当中，经常会遇到相同的内容反复出现，或是演讲人突然插入一些闲聊的情况。

记笔记的时候要注意不要过于关注这些重复和闲聊，否则可能会因为将过多的精力放在如何画鱼骨上，而忽略了讲座的内容。

不去关注重复和闲聊，将演讲者的主张和自己关心的内容作为小刺添加到鱼骨图当中。

（7）完成

画好箭头和标示，将刺与刺之间新发现的关联或需要强调的部分作出明显的标记。如果可能的话，在背骨和大刺之间，或刺与刺之间增加一些关键的词句。

通过观察鱼头和背骨、大刺的刺与刺之间的内容，演讲者的主张便可一目了然。

尤其是讲座等场合，可以留意着记下刺与刺之间的关键词句和讲座中令人印象深刻的话语。

在讲座中，正如前文所述，会有很多重复的内容和不重要的闲聊，有时听多了还会让人觉得找不到重点。

这时就需要记录一些关键的词句，之后重新看笔记时也能立刻掌握这部分想要说的是什么。

将这样的部分写清楚后，在提问环节也能够厘清自己想要问的问题，有的放矢。

下面是我去参加某讲座时记下的笔记（见图 2–4）。

去参加讲座之前，我已经阅读过几本演讲者的著作，但是见演讲者本人还是第一次。虽然画得不是很像，但是为了创造出气氛，我将演讲者画在了鱼头部分（演讲者本人看上去更加智慧……）

虽然这次讲座在开始前就给出了内容概要，但是我没有将其作为

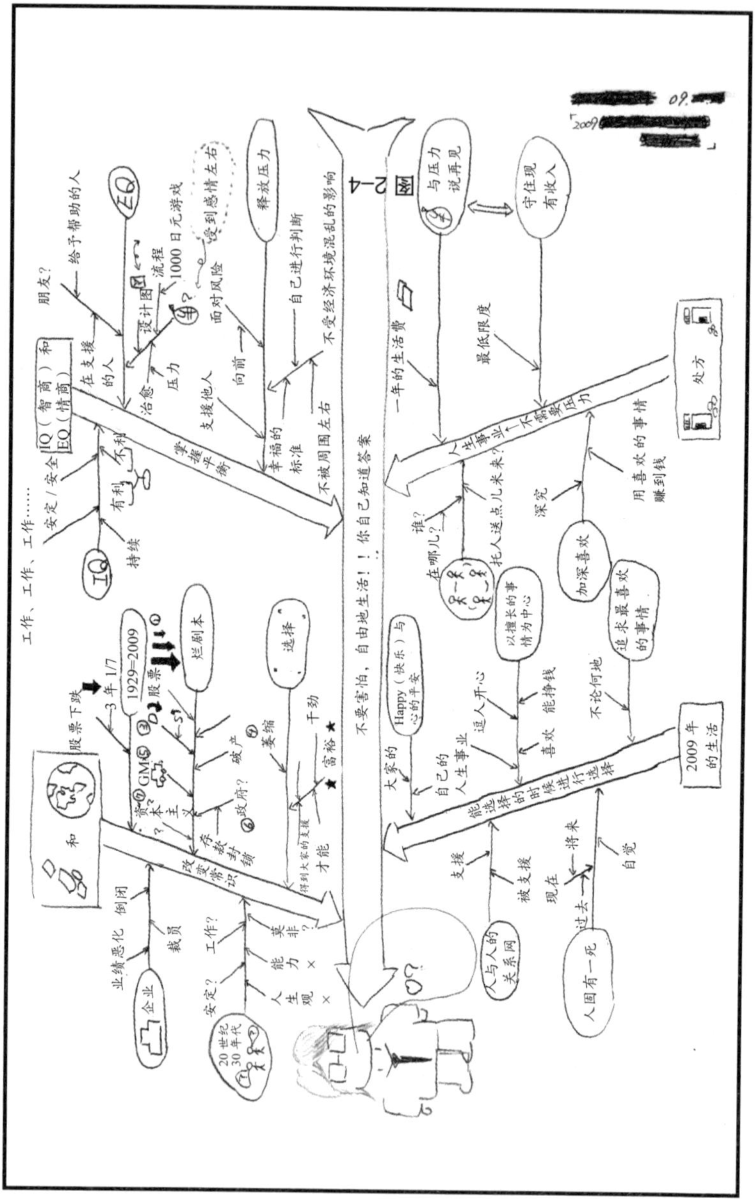
[redacted] 09.[redacted]
2009[redacted]
图2-4
不要害怕，自由地生活！！你自己知道答案
改变常识
掌握平衡
人生事业←不需要压力
能选择的时候进行选择
2009年的生活
处方
IQ（智商）和EQ（情商）
工作、工作、工作……
安定／安全
有利
不利
持续
朋友？
给予帮助的人
在支援的人
治愈
压力
设计图
流程
1000日元游戏
受到感情左右
释放压力
面对风险
向前
支援他人
幸福的标准
不被周围左右
自己进行判断
不受经济环境混乱的影响
一年的生活费
与压力说再见
守住现有收入
最低限度
股票下跌
3年 1/7
1929=2009
股票
烂剧本
破产
萎缩
干劲
富裕
选择
政府？
存款封锁
资本主义？
得到大家的支援
才能
企业
业绩恶化
倒闭
裁员
安定？
工作？
能力
人生观
莫非？
20世纪30年代
大家的
自己的人生事业
Happy（快乐）与心的平安
逗人开心
喜欢
能挣钱
以擅长的事情为中心
追求最喜欢的事情
不论何地
加深喜欢
深究
用喜欢的事情赚到钱
托人送点儿米来？
谁？
在哪儿？
支援
被支援
人与人的关系网
现在
过去
将来
自觉
人固有一死

大刺。这是因为我来参加这次讲座的目的是想要知道这位演讲者会以哪些内容为中心展开话题，再以自己感兴趣的内容为中心记笔记。

讲座中，“人脉”“人际关系网”“相互支援”“压力”“缓解压力”等相似的内容反复出现，不要过于在意这些重复的内容，按照自己的需求去画鱼骨就行了。

通过鱼骨的结构来看信息

接下来是我的专业领域里的一个案例，是与会计和商业相关的讲座的笔记（见图 2–5）

在这里不必过于关注讲座本身是好是坏，这个例子的重点在于鱼骨图整体的平衡。

目前不仅仅是日本，全球经济环境都非常不明朗。

在这样的环境中，应该如何处理与合作方的信用管理（判断合作方的信用度）是这次讲座的主题。

由于鱼骨的大刺是非常专业的内容，因此直接使用讲座开始时发给大家的讲座概要。

将注意力转移到演讲的内容上来，按照概要的顺序在鱼骨图上一边增加大刺，一边记录演讲内容。演讲内容的顺序是从左上角开始顺

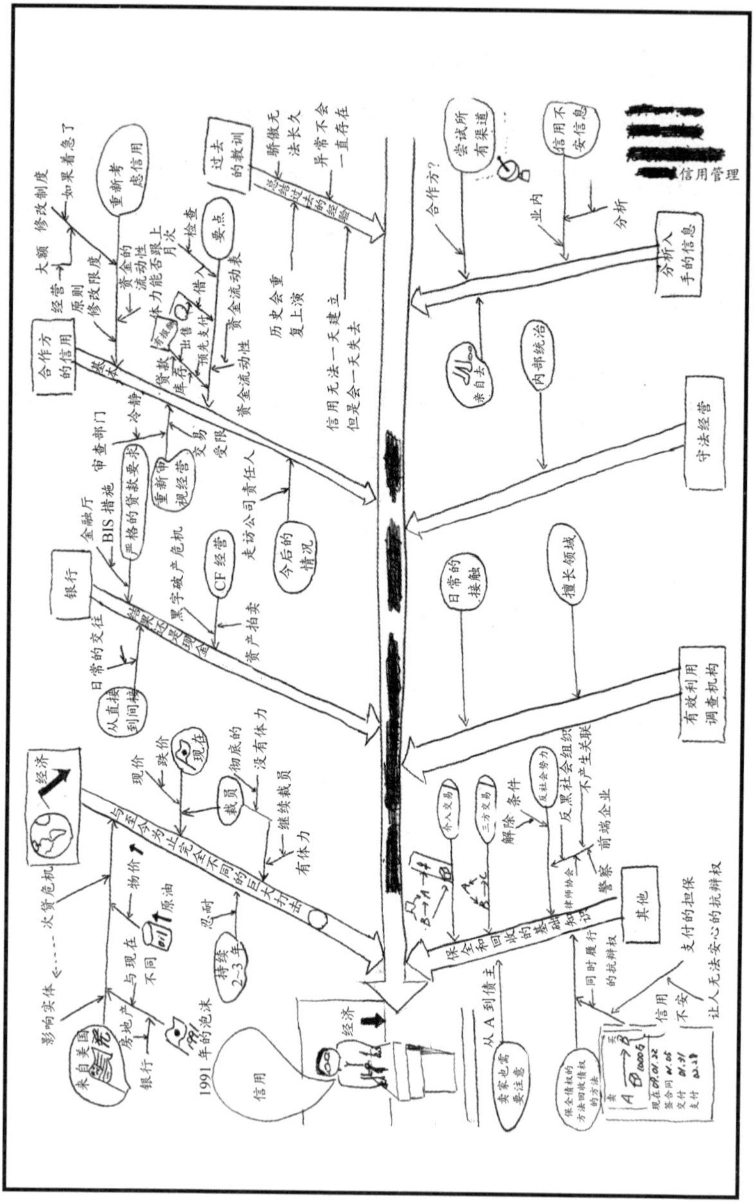
[redacted]信用管理
经济
银行
合作方的信用
过去的教训
分析入手的信息
守法经营
有效利用调查机构
其他
1991年的泡沫
信用
影响实体
次贷危机
来自美国
房地产
物价
原油
与现在不同
持续2~3年
忍耐
与至今为止完全不同的巨大打击
现价
跌价
现在
裁员
彻底的
没有体力
继续裁员
有体力
从直接到间接
日常的交往
结果还是现金
黑字破产危机
CF经营
资产拍卖
金融厅
BIS措施
严格的贷款要求
审查部门
冷静
重新审视经营
交易受限
走访公司责任人
今后的情况
资金流动性
资金流动表
要点
检查
借入
出借
预先支付
体力能否跟上月次
资金的流动性
重新考虑信用
经营原则
修改限度
大额
修改制度
如果着急了
骄傲无法长久
异常不会一直存在
总结过去的经验
历史会重复上演
信用无法一天建立
但是会一天失去
合作方？
尝试所有渠道
业内
信用不安信息
分析
内部统治
日常的接触
擅长领域
保全和回收的基础知识
个人交易
三方交易
反社会势力
解除条件
反黑社会组织
不产生关联
前端企业
警察
律师协会
从A到债主
卖家也需要注意
保全债权的方法
回收债权的方法
同时履行的抗辩权
信用不安
支付的担保
让人无法安心的抗辩权

图 2-5

时针进行的。

由于遮掉了一些内容，可能有的地方不好理解，请将注意力放在鱼骨图整体的平衡上。

将讲座中经常提到的“经济”“银行”“合作方的信用”等加到了鱼骨上，但是完成笔记后却发现这部分没有多少内容（并不是记笔记记到一半睡着了）。

受讲座时间的影响，我所期待的“分析入手的信息”和“有效利用调查机构”等内容相对较少。

但是最后，在“其他”部分，包含了不少我想再仔细听一下的案例。

如果讲座的资料中包含议题等讲座的项目，事先将其添加到鱼骨图中，可以让整体的平衡感一目了然。

这是因为可以事先将讲座的体系可视化。

如果过于强调某一部分，可能会导致鱼骨图的不平衡。如果鱼骨上半部分的内容较多，大多数情况下会以一般性结论收场。

这一点不仅可以用于记讲座的笔记，在自己是讲演者，或是做推介汇报的时候，也可以以此为参考。

鱼骨较为集中的部分，可以根据时间的长短来决定是写到小刺还是写到中刺。如果是鱼骨太少的部分，可能需要注意这部分内容是真的没什么可说了，还是本身过于空洞。

对资格考试和外语学习也有效

鱼骨术对于在读书或讲座中大量获取信息并进行整理的活动非常有效。

同时，鱼骨笔记将信息归纳在一张纸上，在复习和记忆时也会非常方便，因此它也可以用于资格考试和外语学习。

用于资格考试和外语学习的鱼骨法基本上与读书法和讲座笔记相同，但是适用的场合主要有以下两种。

一种与前述的内容相同，将课本上的信息用鱼骨进行整理，这是信息输入的过程。

另一种用鱼骨的方法检验自己是否已经记住了之前整理成鱼骨的内容。从零开始画鱼骨，这是信息输出的过程。

对于资格考试和外语学习来说，信息的输入非常重要，但是也需要将获取的信息进行输出，否则无法取得分数，也无法与人交流。

考取“中小企业诊断师”资格

鱼骨术对资格考试的学习非常有效。这是因为鱼骨术可以将考试内容构造化，使其易于理解和记忆。

很多资格考试出题范围非常广，还要求考生对各个知识点有深入的理解。如果是难度较高的考试，考试内容可能还会覆盖多个领域。

为了通过资格考试，必然要保证相关领域知识的获取量。

但是，单纯地获取信息并不足以通过考试。

资格考试的学习，很容易陷入一些误区。

- 涉猎的范围太广，一直无法完成
- 对感兴趣的部分或自己擅长的领域深入过多，看不见整体
- 学习到的知识处于分散孤立的状态

想要通过资格考试，必须把握每一科目的整体情况，并对重点科目进行详细的学习。

需要像飞鸟总览森林全局一样的“鸟之目”，也需要像地面的蚂蚁挖土时的“蚁之目”。

根据需要分别利用“鸟之目”和“蚁之目”，看清全局，也看清构成全局的每一部分。

也就是说，必须要理解考试科目的构造。如果不能理解考试科目的构造，只要出题人稍微做些变化，就很容易出现无法适应的情况。

进入社会后，我考取了中小企业诊断师、电脑协调员等资格，还

拿到了经营类的研究生学位和法学研究生学位。

回顾这些学习经历，我常常保持用鸟之目总览全局，用蚁之目进行详细的分析，这两点非常重要。

以中小企业诊断师考试为例。

中小企业诊断师考试是基于中小企业支援法实施的关于中小企业经营咨询的国家资格考试。

考试分为1次考试、2次考试和3次考试，从1次考试到3次考试，一年内通过3次考试的合格率大约为3%~4%。

1次考试的科目为“经营学、经营政策”“财务、会计”“企业经营理论”“运营管理”“经营法务”“经营信息系统”“中小企业经营、中小企业施策”7个科目。

我参加1次考试已经是将近20年前的事情了，随着考试制度的变化，现在来看需要学习的范围比之前更广了。

同时，每一个考试科目的范围也变得更广了，以经营法务为例，考试内容覆盖了《公司法》《破产法》《民法》《金融商品交易法》《反垄断法》《反不正当竞争法》《制造物责任法》《消费者保护法》《知识产权保护法》等。

当出题范围太广时，很容易让人摸不着头脑，不知道应该从哪一部分开始进行怎样的学习。

现在，就让我们用鱼骨法来整理一下需要学习的内容吧（见图2–6）。

通过鱼骨法将需要学习的内容进行再构造，就能知道需要对整体当中的哪一部分进行学习。

此外，通过将以前的考试真题和模拟试卷与鱼骨图进行对照，可以迅速掌握哪些部分是重点要点，哪些部分需要进行详细的学习，哪些部分的学习可以推后一些。

将考试内容全写在一张纸上是不现实的，如果需要做更详细的笔记，可以将这一部分的大刺或中刺作为鱼头的关键词，另写一张详细的鱼骨图。

定期回顾已经画好的鱼骨图，然后尝试从零开始书写新的鱼骨图，这样做不但能够加强记忆，还能加深理解。

外语学习法

鱼骨图还能为学习外语提供便利。

想必很多人会因为记不住英语单词而苦恼。

作为一门外语，外语单词不过是无意义的字母排列，记不住也不足为奇。

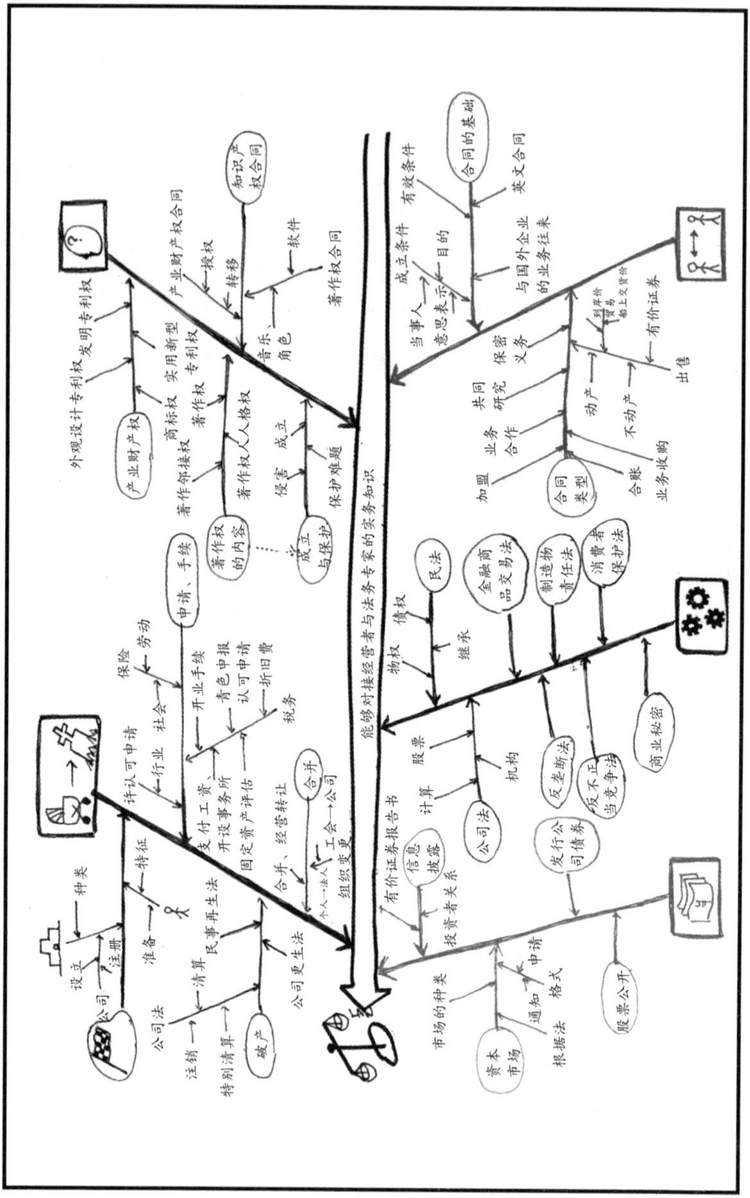

图 2-6 资格考试的鱼骨图例

例如，我们都知道 apple 是苹果的意思，但当我们刚开始学习英语时，还不知道它的意思，它只不过是一串字母的排列。

单词卡告诉我们 apple 是苹果，orange 是橘子，但其实它们都是很难去记忆的字母排列。

我们可以将它们也画成鱼骨图（见图 2–7）。

把 apple 和 orange 放在水果的分类中，回想一下它们位于鱼骨图的哪一部分，这可能会成为唤醒记忆的契机，让单词变得更易于记忆。

用红色的苹果或橙色的橘子图画来表示，带给视觉的冲击会更大，单词也更容易被记住。

简单的对话也可以通过鱼骨图来加深记忆。

例如将“问候”作为鱼头，大刺分别是“见面的时候”“分别的时候”“早上、中午、晚上”等，根据对话的场合区分使用。

图 2–8 是我在学习意大利语的简单问候时所使用的鱼骨图（只是初级水平，刚刚能进行对话的程度，这个鱼骨图可以作为外语学习法的参考）。

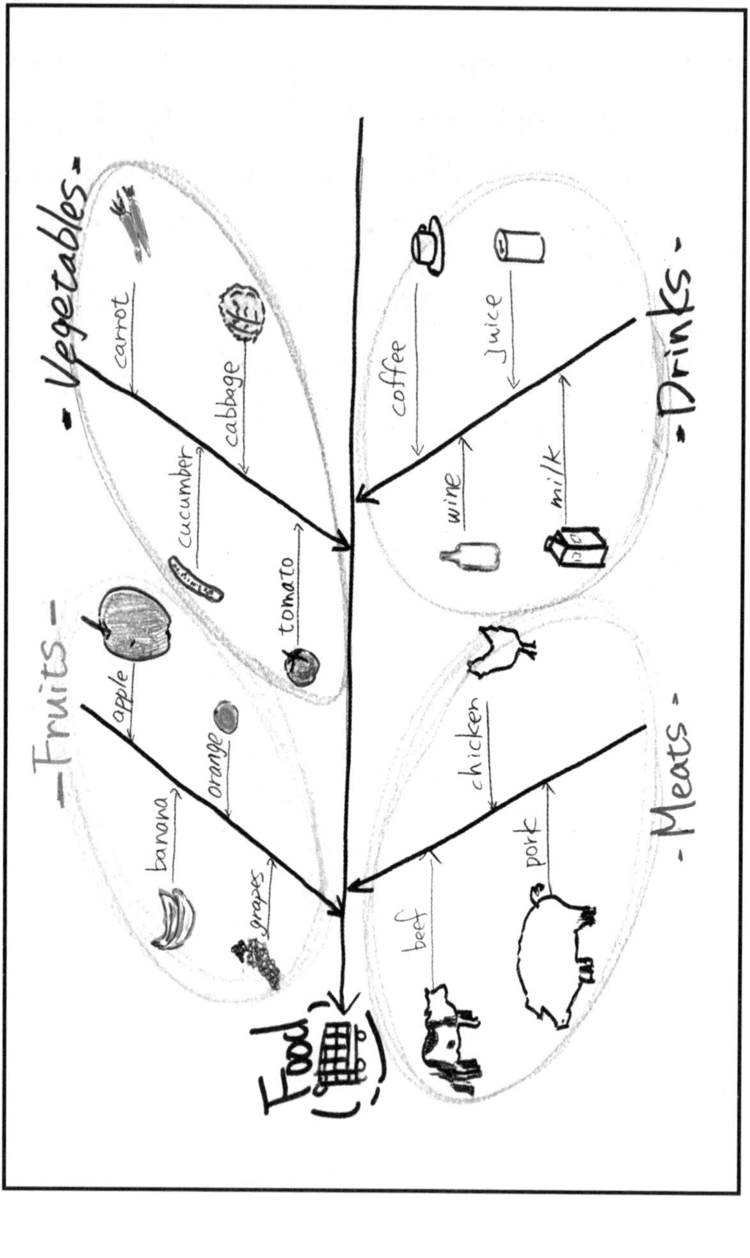

Food
-Fruits-
apple
orange
banana
grapes
-Vegetables-
carrot
cabbage
cucumber
tomato
-Drinks-
coffee
juice
wine
milk
-Meats-
chicken
pork
beef

图 2-7

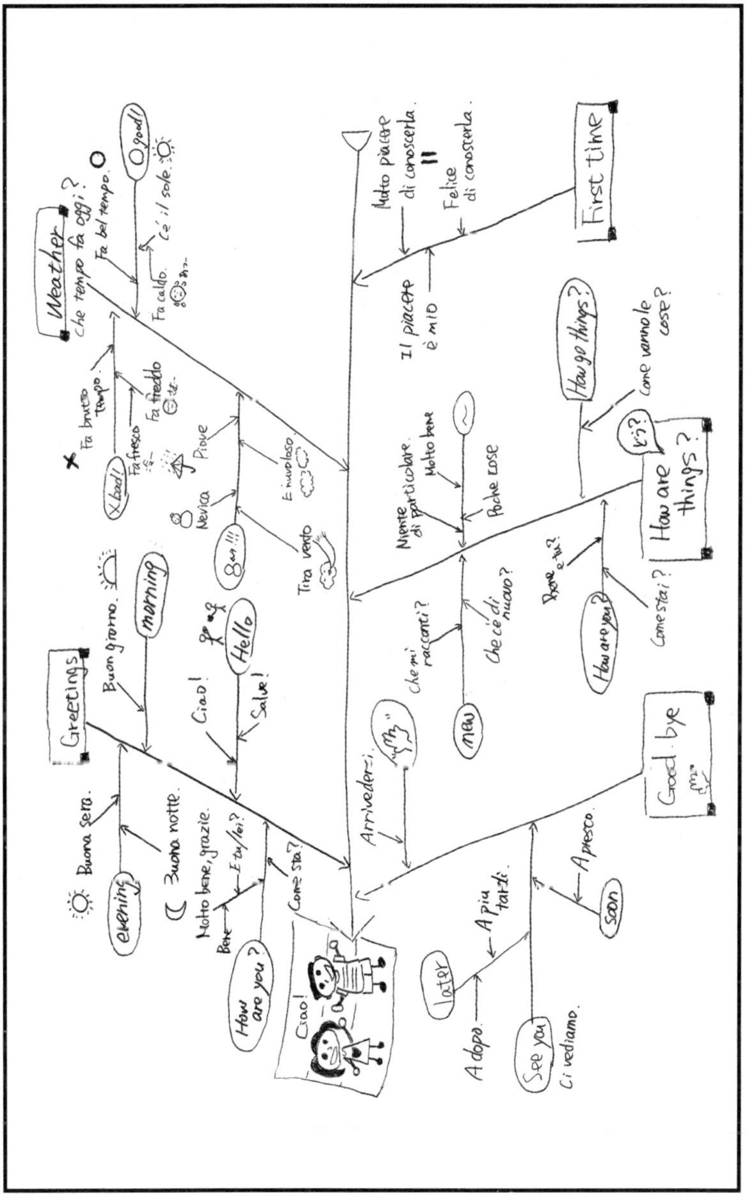
Greetings
Buon giorno.
morning
Buona sera.
evening
Buona notte.
Ciao!
Hello
Salve!
How are you?
Come sta?
Molto bene, grazie.
E tu/lei?
Bene
Ciao!
Weather
Che tempo fa oggi?
Fa bel tempo.
C'è il sole.
Fa caldo.
Fa brutto tempo.
Fa fresco
Fa freddo
Piove
Nevica
Tira vento
First time
Molto piacere di conoscerla.
Felice di conoscerla.
Il piacere è mio
How are things?
How go things?
Come vanno le cose?
Niente di particolare.
Molto bene
Poche cose
Che mi racconti?
Che c'è di nuovo?
new
How are you?
Come stai?
Good bye
Arrivederci.
A dopo.
later
A più tardi.
See you
Ci vediamo.
A presto.
soon

图 2-8

第三章

鱼骨工作术

可以用于解决问题、沟通、时间管理、推介和汇报、交涉、思考问题的方法

解决工作上的问题

“销售额下降……”“赶不上交货日期……”“沟通不顺畅……”等等，日常工作中，每天都可能出现各种各样的问题。

充斥着问题的情形不仅仅局限在工作上，在生活中，我们也会面临各种各样的问题。

我们的人生就是在不断地解决问题。

如果不能顺利地解决接二连三发生的问题，那么问题就会堆积下来，变得越来越难以解决。

漫步人生路，解决问题的能力是一种必需的生存技能。解决问题的能力越强，人生越顺畅。

实际上，在解决如山的问题时，鱼骨法也可以发挥它的功效。

还记得我们在前文介绍过的发明鱼骨法的教授石川先生吗？

鱼骨法就诞生于解决问题的现场。

因此可以说，解决问题正是鱼骨法真正发挥本领的地方。

问题就是差异

在开始书写鱼骨图之前，我们来探讨一下关于解决问题的方式。

解决问题的流程如下：问题→原因→课题→解决方案。

那么“问题”到底是什么呢？

在解决问题时，可以这样思考。

问题是“应有的样子”与“现状”之间的差异。

例如，以公司的营业额为例，应该达到的营业额是同比增长 10%。

但实际上目前的营业额与去年同期持平，营业额没有达到同比增长 10%，这件事就成了问题。

虽然这是理所当然的事情，但是重新思考一下“到底问题是什么”也是非常重要的。对问题的认识不同，解决问题的方案和方向也会相应产生变化。

现在我们这样定义：差异 = 问题。

问题与课题的区别

问题产生，就意味着存在引起问题的原因。

那么，引起“营业额没有达到同比增长 10%”这个问题的原因是什么呢?

例如,“经济不景气”“产品的质量有所下降”“销售人员的效率下降”等,可能会有很多原因。

那么,在这些原因中,哪些会成为课题呢?

课题是指我们正在处理的事情中不得不去处理的部分。

“产品的质量有所下降”和“销售人员的效率下降”是我们不得不去处理的原因,这些将会成为我们的课题。

但是,“经济不景气”对于普通的商业人士来说,并不能成为他们的课题。

一旦成为课题,“产品的质量有所下降”和“销售人员的效率下降”就会以“如何提高产品的品质?”和“如何提高销售人员的效率?”的形式呈现出来。

于是便需要商讨“有什么样的解决方案”。问题是有原因的,原因(有时可能不止一个原因)会变成课题。

课题是有解决方案的。

因为这一点很重要,所以我要重复一次:问题是有原因的,课题是有解决方案的。

至此,“解决问题的思考方式”就已经基本完成了。

那么,将鱼骨法加进来吧。鱼骨的书写方式与之前的相同,依然是鱼头、背骨、刺、刺……

虽然说书写方式相同，但是解决问题的鱼骨图却可以有两种。

一种是“问题 / 原因类鱼骨图”，另一种是“课题 / 解决方案类鱼骨图”。

为什么为什么？鱼骨图

我们首先来看问题 / 原因类鱼骨图。

发生某个问题的时候，我们会寻找导致问题的原因，“为什么会这样？”“为什么？为什么？”这样的反复追问导致了问题 / 原因类鱼骨图（见图 3–1）的产生。

在这里我给它起了个名字叫“为什么为什么？鱼骨图”，这张鱼骨图可以表示出问题（结果）和原因之间的因果关系。

在“为什么为什么？鱼骨图”当中，将问题作为鱼头，将推测引起问题的原因当作大刺。

通过反复探究“为什么？为什么？”来落实小刺。

如果能够完成“为什么为什么？鱼骨图”，就能找到引起问题的真正原因。然后将导致问题的原因变为课题，寻找解决方案。

例如，想要提高工作效率，虽然给员工布置了任务让大家提交一

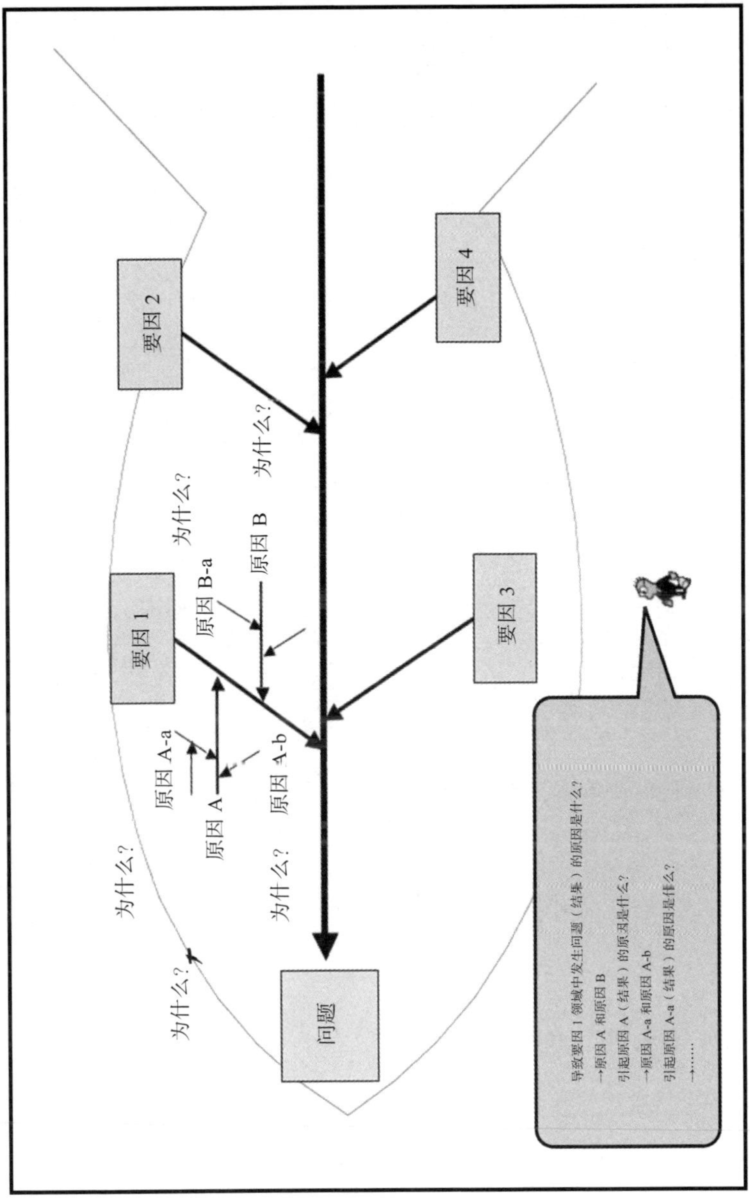

图 3-1　为什么为什么？鱼骨图

些改善工作的方案，但方案却迟迟提交不上来。

让我们试着探究一下为什么方案总是提交不上来吧！

在鱼头处写上“没人提交改善工作的方案”，然后思考一下导致问题的要因可能是什么，将它们作为大刺。

这里我们先暂定有如下 4 个分类：“每个人”、“上级”、“职场”和“活动方案”（见图 3–2）。

然后，探究什么是导致大刺的要因，将其原因作为中刺，再去探究什么是导致中刺的原因，将其作为小刺，通过反复的“为什么？为什么？”来找出真正的原因。

再次确认已经完成的鱼骨图，看看有没有遗漏的原因，或是因果关系不明确的地方。

在写出来的众多原因当中，找到对鱼头影响最大的 3~5 个原因。

实际的解决方案会受到时间、劳动力和资金等的限制，因此不用选太多。

为了有效地利用资源，请谨慎选择相对重要的要因。

怎么办怎么办？鱼骨图

另一种鱼骨图是“课题 / 解决方案类鱼骨图”。

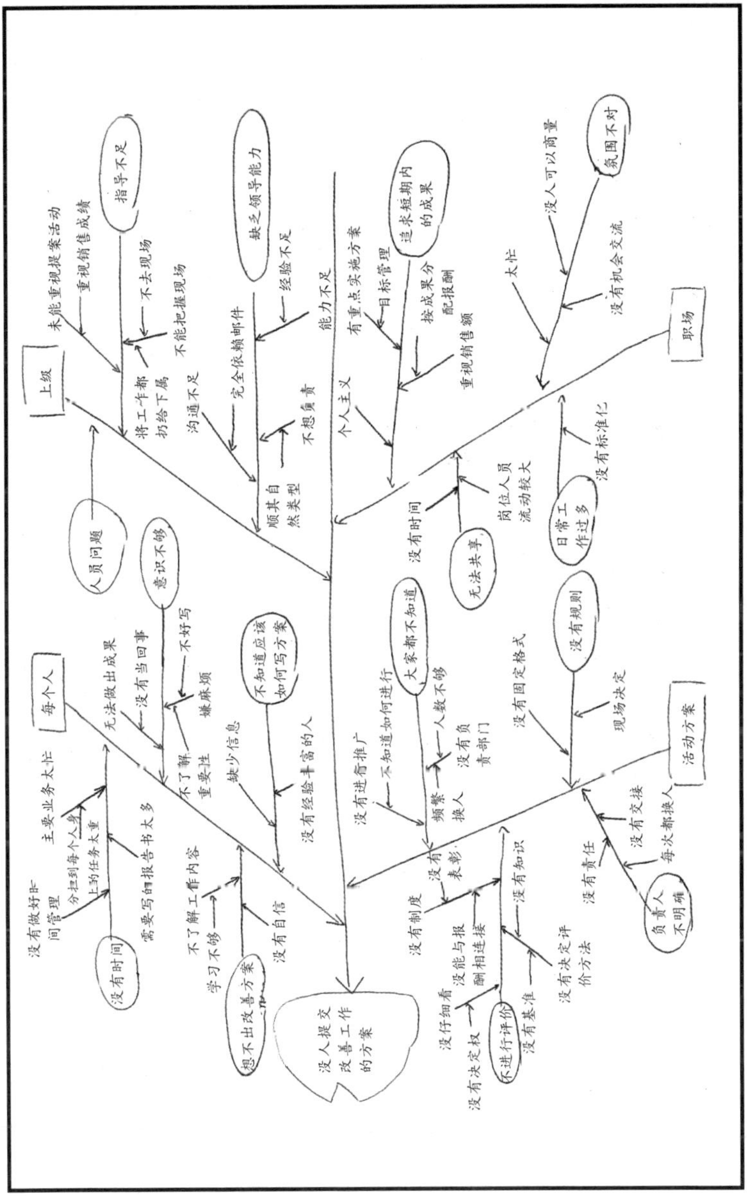
没人提交改善工作的方案
上级
每个人
职场
活动方案
人员问题
指导不足
缺乏领导能力
能力不足
追求短期内的成果
氛围不对
意识不够
不知道应该如何写方案
大家都不知道
没有规则
无法共享
日常工作过多
没有时间
想不出改善方案
不进行评价
负责人不明确

图 3–2

这种鱼骨图是将导致问题的主要原因变为课题，然后寻找解决课题的具体方案，是一种通过反复探究“怎么办？怎么办？”来将解决方案具体化的鱼骨图（见图 3–3）。

我将它命名为“怎么办怎么办？鱼骨图”。

“怎么办怎么办？鱼骨图”能够表现课题（目的）与解决方案（手段）之间的关系。

“怎么办怎么办？鱼骨图”与“为什么为什么？鱼骨图”的构造是相同的。

将希望解决的课题作为鱼头，将可能实现课题的解决方案作为大刺。

然后通过反复探究“怎么办？怎么办？”来落实小刺。完成了“怎么办怎么办？鱼骨图”后，选择实现课题的具体解决方案，然后付诸行动。

让我们来试着探讨“如何提高营业额？”的具体解决方案吧。

将“如何提高营业额”作为鱼头，然后思考能够成为要因的大项目，将其作为几根大刺（见图 3–4）。

在此，我们以框架思考部分介绍过的 4P 为基础，重点依据 1P（Promotion，推广）来思考。

接下来将大刺的各个要因要“怎么办？”具体化，将解决方案作

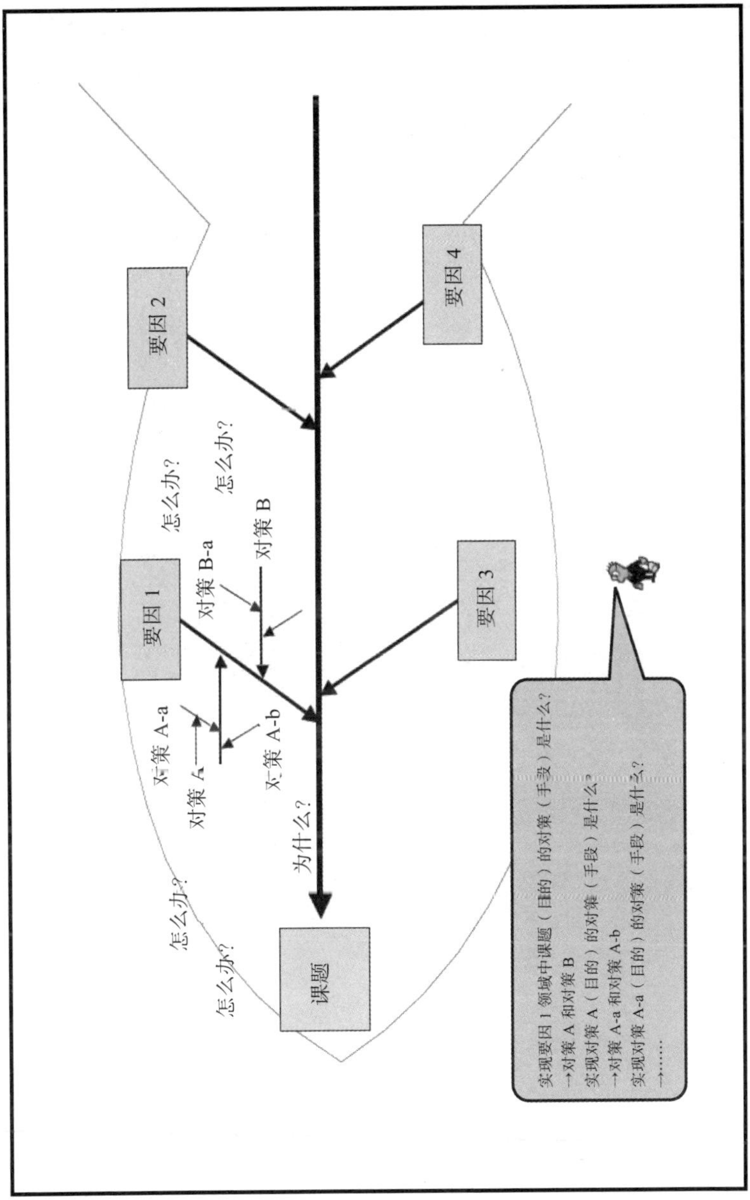

图3-3　怎么办怎么办？鱼骨图

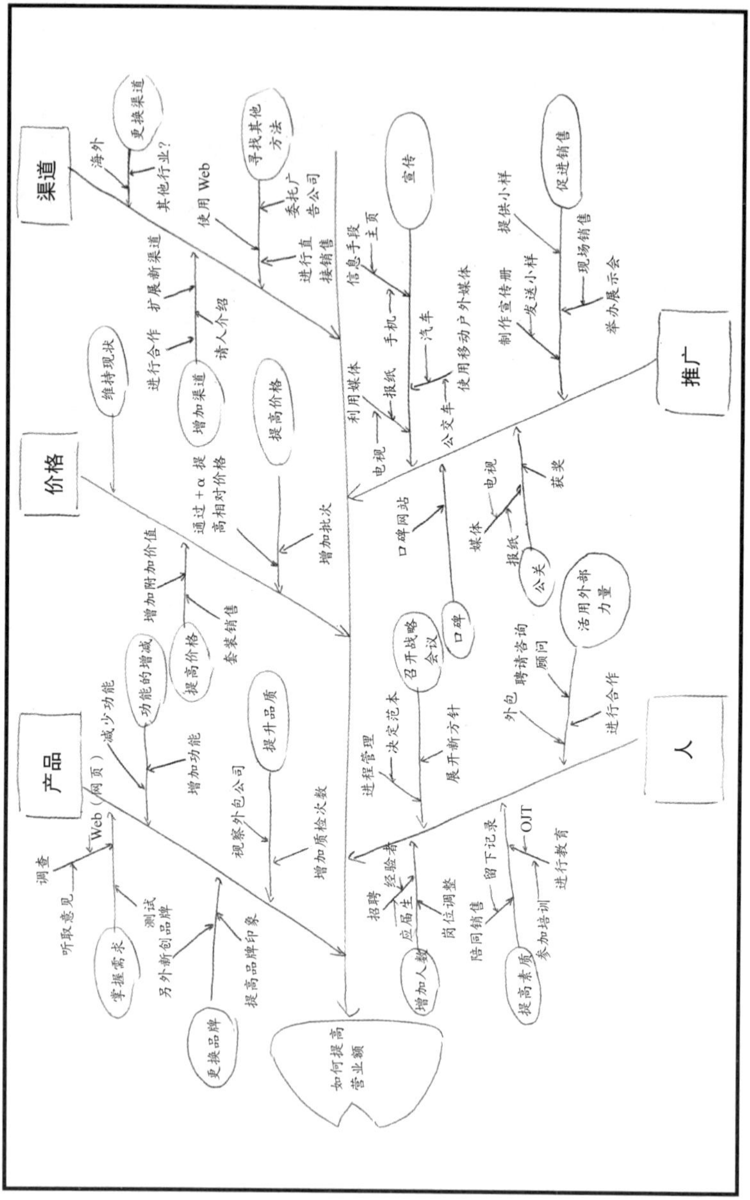
如何提高营业额
产品
价格
渠道
推广
人
掌握需求
听取意见
调查
Web（网页）
测试
功能的增减
减少功能
增加功能
更换品牌
另外新创品牌
提高品牌印象
提升品质
视察外包公司
增加质检次数
提高价格
增加附加价值
套装销售
维持现状
提高价格
通过+α提高相对价格
增加批次
更换渠道
海外
其他行业？
扩展新渠道
增加渠道
进行合作
请人介绍
寻找其他方法
使用Web
委托广告公司
进行直接销售
宣传
信息手段
主页
利用媒体
电视
报纸
手机
汽车
公交车
使用移动户外媒体
促进销售
提供小样
制作宣传册
发送小样
现场销售
举办展示会
口碑
口碑网站
公关
媒体
电视
报纸
获奖
增加人数
招聘
经验者
应届生
岗位调整
召开战略会议
进程管理
决定范本
展开新方针
提高素质
陪同销售
留下记录
OJT
参加培训
进行教育
活用外部力量
外包
聘请咨询顾问
进行合作

图 3–4

为中刺，然后将中刺的解决方案要“怎么办？”具体化。

这样反复探究“怎么办？怎么办？”，继续深挖解决方案。

再次确认画好的鱼骨图，检查是否有遗漏的对策，或是目的与手段之间的关系是否有尚不明确的地方。

在众多的解决方案中，选择 3~5 个对鱼头影响力最大的要因。

实际的解决方案会受到时间、劳动力和资金等的限制，因此不用选太多。

为了有效利用资源，请谨慎选择相对重要的解决方案。

在沟通时使用

用来解决问题的鱼骨图不仅仅能够用在书写独自一人思考的笔记上，与一起工作的小组成员商讨问题时，使用鱼骨图也可以获得很好的效果。

如果是想全员进行讨论的话，可以将鱼骨图画在白板或是大家都很方便看到的更大的纸上。

在决定好是使用“问题 / 原因类鱼骨图”还是“课题 / 解决方案类鱼骨图”之后，就可以进行讨论了。

大家一起书写鱼骨图的时候，有两种书写方法。

一种与迄今为止介绍的方式相同，先决定鱼头，加入几根大刺，然后对每一根大刺进行探讨。

像“没人提交改善工作的方案”的“为什么为什么？鱼骨图”（见图 3–2）一样，将大刺分为“每个人”“上级”“职场”“活动方案”后，大家对每一根大刺进行探讨。

以大刺为轴心不断向下深挖，这种鱼骨图叫作“深挖型鱼骨图”。

另外一种书写方法是先决定鱼头，然后开始自由发散。将自由发散得到的信息整理分组，然后得到作为大刺的大类。

由于是用小刺组合成大刺的方法，这种鱼骨图叫作“组合型鱼骨图”。

“深挖型鱼骨图”将讨论的重点放在大刺上，我们用这一鱼骨图可以迅速找到问题的原因，并将解决方案推进到实行层面。

但是它也有自身的缺点，就是容易漏掉大刺分类之外的问题。

“组合型鱼骨图”是从自由提出意见开始的，也就是所谓的头脑风暴。

头脑风暴时也能使用

头脑风暴的规则有 4 点：

（1）自由奔放地说出意见

（2）不进行批判

（3）欢迎搭便车（可以参考他人的意见提出自己的想法）

（4）跟质比量更重要

根据这 4 点规则进行讨论，就能听到更多的意见。

迄今为止没有想到的原因或是解决方案，说不定可以通过头脑风暴来发现。

此外，在进行分组时虽然会比较花费时间，但这也是一个将大家的意见进行磨合的过程。它的缺点在于，对原因的追究和解决方案的落实，可能会出现力度不够的情况。

无论是“深挖型鱼骨图”还是“组合型鱼骨图”，都各有自己的长处和缺点。

为了提高精确度，可以在完成“深挖型鱼骨图”后组织头脑风暴，看看有没有被遗漏的大刺；也可以在完成“组合型鱼骨图”后用“为什么为什么？”和“怎么办怎么办？”反复进行深度挖掘。

在使用鱼骨法探讨如何解决问题时，可以一边将大家的想法和意见写在白板上，一边探讨它们之间的关联性。这样的过程能够让讨论可视化，也能够共享组内成员的想法。

此外，将想法先写出来，然后再进行讨论，不容易发生个人攻击事件。

你们的活动量是不是太小了？

如果不能将成员的想法可视化，然后共享，就很容易陷入误区。

例如讨论销售业绩一直上不去的原因。

“因为产品性能没有其他公司的产品好。”负责销售的A这样说。

原本需要探讨产品性能是否真的不够好，如何进行验证，以及产品性能是否真的是影响销售业绩的原因。

但是随之而来的可能是类似的“说是这么说，但还不是你们负责销售的人尽力不够导致的吗？”的意见，一不小心就偏离了需要讨论的问题的核心，变成了关于A的讨论。

使用鱼骨图进行探讨时，大家都有写出鱼骨图的共识，就不容易将讨论变成个人攻击了。

因此，用鱼骨图更容易一边总览全局一边探讨具体问题。

用于日程管理

在每天忙碌的生活中，有时候你是不是搞不清楚自己“在做什么”和“必须要做什么”？

实际上，将每周的安排和计划做成鱼骨图，也是很好的安排日程的方法。

对于已经预约的会面，需要将会面的时间写在日程本上，但是单纯的时间罗列让人很难把握具体情况。

如果用鱼骨法，只要将信息写在鱼骨上，就可以将其详细化到需要的层级（见图 3–5）。

首先，用本周的日期作为鱼头，大刺分别是星期一、星期二、星期三、星期四、星期五、星期六和星期日。

将每天必须要做的事情和已经安排好时间的会面作为大刺的下一层级。

然后将“必须要做的事情”和已经安排好的事情一件一件作为小刺添加进去。

如果鱼骨太多，可能会出现不知从何下手的情况，像不得不完成的报告书之类的，基本上属于“TO DO”（需要做）层级的鱼骨，但是也不用太担心。

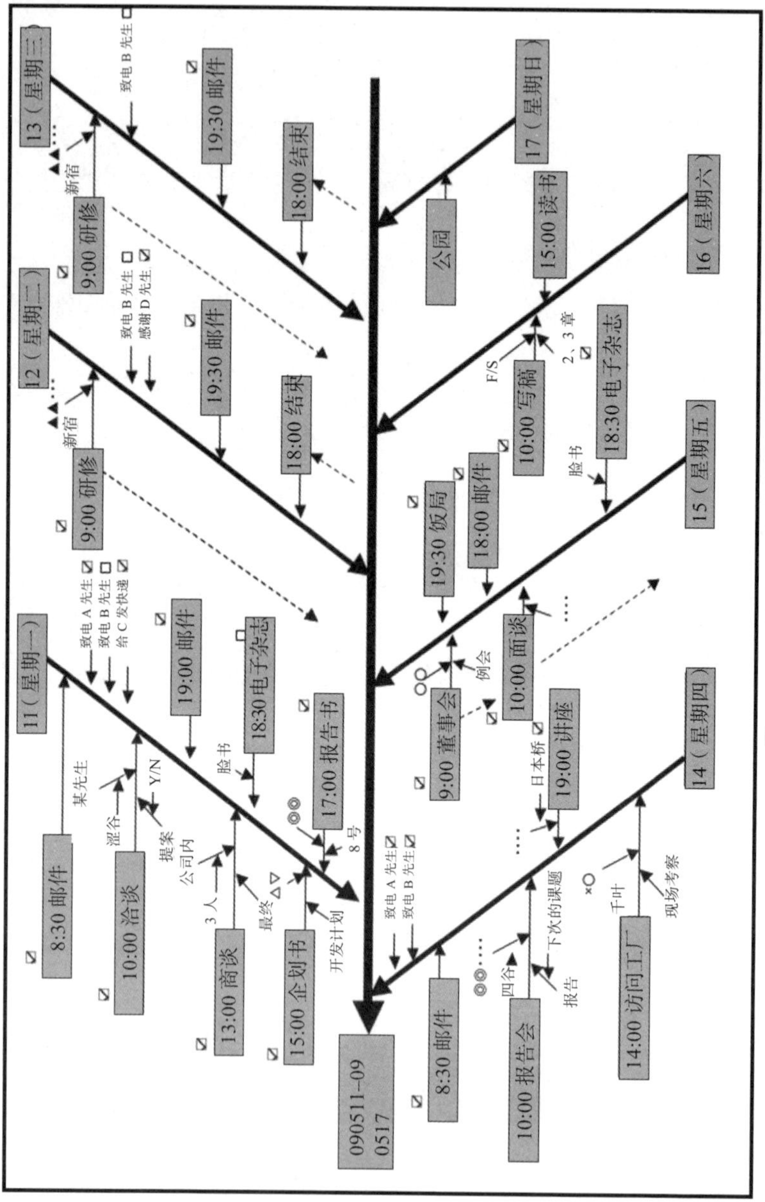

图 3–5 一周计划鱼骨图例

例如“写报告书”这样的项目，可以将其再向下细分成“交给谁的报告书”或者“报告书的结构”等更小的鱼骨，将优先级较高的“TO DO”层级的鱼骨用其他颜色强调一下，在管理日程时就不容易弄错了。

可以给“TO DO”层级的鱼骨加一个确认的小方框。

完成以后在方框中画个对号，这样就可以防止遗漏了。

此外，还可以通过画对号项目的多少来总结自己安排的日程是否合理。

如果有未完成的项目，可以在这之后的鱼骨上追加新的鱼刺，随时对计划进行调整。

一周结束时，回顾这一周的鱼骨图，一不小心就会被拖延的工作内容便能够一目了然了。

如果计划总是无法完成，或者临到期限还在拼命去完成，这种情况可以通过鱼骨图发现自己在时间使用上的问题，通过调整让时间管理变得更加科学。

如果有一些工作是每周都要重复进行的，可以将一部分大刺和中刺的内容固定化，用电脑制作带有固定内容的鱼骨图，使用起来会更加便利。

鱼骨图不但能用于周计划，在年计划、半年计划、季度计划等长期计划中也可以有效使用。

方法很简单，将大刺的星期变成月份即可。如果需要将每个月的日程安排按照时间的先后顺序进行整理，那么可能日程手账更合适。

但是如果希望确认一下每个月工作量的多寡，或是工作与个人生活之间是否达到了平衡，那么鱼骨图是非常合适的方法。

活用鱼骨图适合总览全局的特征，我的年度工作表就是用鱼骨图制作的。

不仅是出于日程管理的考虑，这一年主要在哪些方面做了多少工作，也能够一目了然。

从我个人的情况来讲，我有“研修、讲座”、“教材等的企划开发”、“咨询”和“撰写书稿”等很多方面的工作。这其中还有我自己进行的项目和与公司合伙人合作的项目，这些都很容易落实到鱼骨图上。

“哪个方面的工作”在“哪段时间”有“什么样的工作量”，工作量“整体来看会不会太多”，这些工作产生的“收入大致怎样”，都可以从鱼骨图上立刻反映出来。

用于出差或举办活动

在每年数次的出差或是举办大型活动时，也可以灵活使用鱼骨图。

前文也说过如果是定期的固定业务，将鱼骨图模板化之后使用会更便利。

在出差或举行活动时使用鱼骨图，为了日后参考，可以将鱼骨图保存起来，有需要的时候拿出来看一下，立刻就能回忆起当时的情况。即使是对于久违的城市或活动，也完全不用慌张。

我因为研修等工作，每年会在特定的时期出差去拜访一些特定的客户。

虽说有的地方去过很多次了，但是一年一次的行程，有时连出了车站该往哪个方向走和人家公司在几楼都记不清了。

为了避免这种情况再次发生，我绘制了出差时的鱼骨图（见图 3–6），鱼头是大阪出差（客户所在地），我的情况大刺共分为 4 根。

（1）事先准备

写下关于出差准备工作的各项事宜。

将“确认”（必须要进行确认的事项）、“预订”（住宿、车票等必须自己去安排的事项）、准备物品（需要事先请人准备好的东西）等作为中刺。

（2）场所

与出差相关的地域信息。具体包括工作地点、酒店地点、移动方式（往返交通方式及时间等，或者当天在当地需要使用的交通手段和需要花费的时间等）、用餐（出差城市用餐地点相关信息等），把这些作为中刺。

从个人角度来讲，我非常看重用餐这根中刺。在出差时，如果晚上没有应酬等工作安排，那么当地的美食和美酒就是我唯一的乐趣了。

我可以一个人去喝喝酒，一边喝酒一边想想明天的工作要怎么谈，或者看看书。

在初次到访的城市，想要找家不错的酒店实际上并不容易。

尤其是在时间比较晚的情况下，这时如果手头有一些预先准备好的信息，会非常有帮助。

（3）内容

稍微跑偏了一些，这部分以研修内容为例。

将“时间”“主题”“评论”“推进”作为中刺。

时间是指当天大致的行动安排，主题是针对参加人员的特

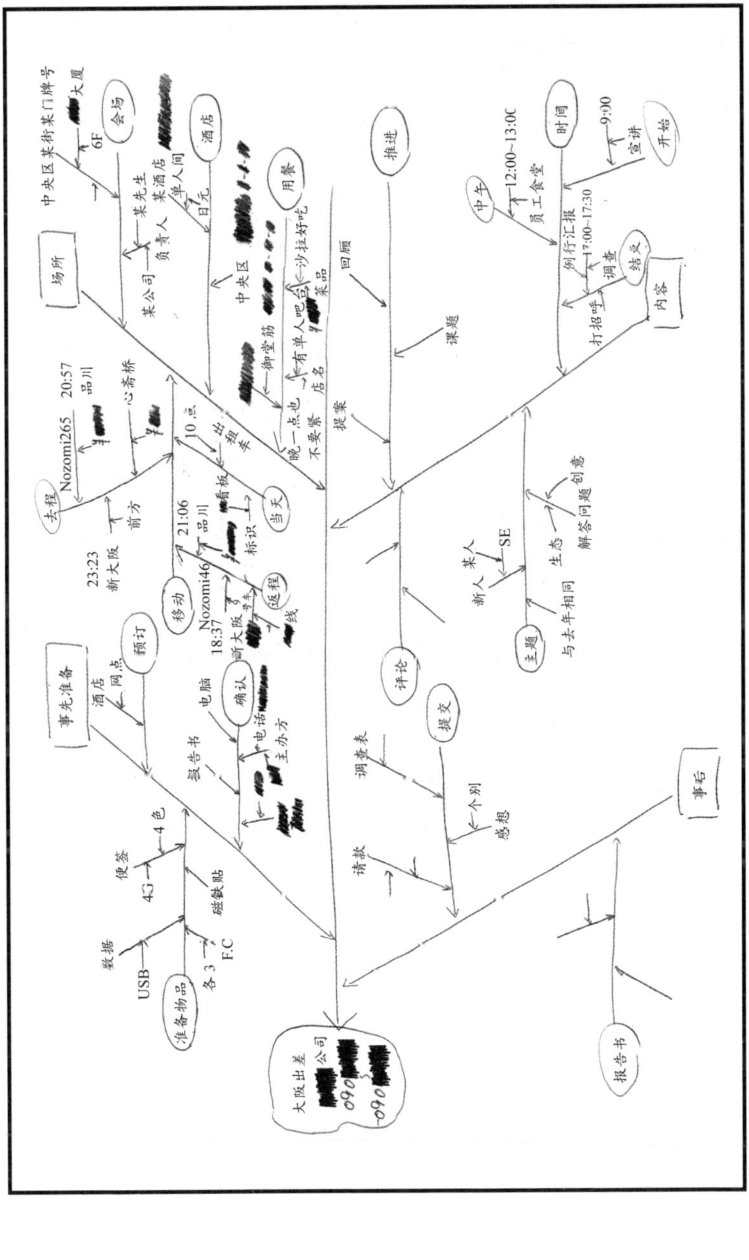

图 3–6　大阪出差时的鱼骨图

点展开的要点等内容。

评论和推进可能看上去有点不好理解。评论用来自由记录那些研修过程中来自主办方或者听讲者的评论或是自己发现的有意思的内容。

说是评论，其实用词有点夸张，我通常会记录一些在研修休息时间与听讲者聊天时注意到或发现的事情。

虽然有的时候这些事情意义不是很大，但说不定哪句话就非常有道理或是能很好地反映听讲者的需求，不记录下来很容易错过。

推进用来记录回顾当天发现的需要反省的地方和课题，然后为下一次研修写下提案。

这部分内容和评论相同，如果不及时写下来的话，哪怕第二天都会变得印象模糊。打铁要趁热。

（4）事后

用来记录出差结束后需要进行的工作。我个人会将“提交”（调查表或请款书）和“报告书”（虽然也是提交类型的文件，在这里主要简单记录需要）写进事后的内容中。

如果有这样一张鱼骨图，即使是对于一年前的出差，也很容易回忆起当时的情况，这样我就不会为陌生环境所困，就能将精力集中于工作了。

PDCA！

出差用鱼骨图的构成与工作中的 PDCA 管理构造十分相似。

无论是什么样的工作，都可以通过制定计划（Plan）、执行（Do）、执行之后回顾检查（Check）、与下一次行动相关联（Action）来进行管理。

而且 PDCA 管理循环会与下一次 PDCA 相连，形成螺旋式上升，对改善工作及通过工作提升个人能力都有很大的帮助。

通过对比今年和去年的鱼骨图，也可以确认自己是否有所成长。

根据大家的工作种类和内容的不同，呈现在鱼骨图上的鱼骨数量和分类方式也会有差别。将 PDCA 的每一项作为鱼骨图的大刺，可以更有效地提高工作效率，这张鱼骨图也能成为自己成长过程的记录。

前！中！后！

如果想让PDCA管理循环变得更加简单，可以将其分为“前”“中”“后”三个部分。用这样的思考方式基本上可以覆盖大多数的场合。

举个例子进行说明，例如大家被要求组织一次会议。这种情况下，需要以组织的会议为中心，包括会前的准备和会后的处理。

也就是说需要思考会议前、会议中和会议后都需要处理哪些工作。

将这三点落实在鱼骨图上，无论是会议前的准备还是会议中的进程，都能够更有方向，会议后的整理工作也不会变得混乱。

将“会议前”、“会议中”和“会议后”作为三根大刺，从视觉上不是很容易就能找到平衡点。通常我会选择将“会议中”放在背骨上方，将“会议前”和“会议后”放在背骨下方，按照这种支撑的感觉去书写。

对甘特图表的以虚带实

在进行的项目需要同时照顾多个时间安排的情况下，甘特图表比鱼骨图更有优势。

甘特图表是由美国人亨利·甘特提出的日程管理表。

纵轴表示工作的内容，横轴表示时间，将其图表化之后，用长短不等的柱状图来表示这项工作从开始到结束所需要花费的时间（见图3–7）。

甘特图表首先将每项工作进行分类，然后根据工作开始的顺序将其写在图表左端。

然后对工作开始和结束的时间进行标记。

甘特图表会对项目中所有的工作进行记录，什么时间开始了哪项工作，一目了然。

但是如果突然说请整理项目中的所有工作并把它们做成甘特图表，那是很难做到的。

这时可以将鱼骨图与甘特图表结合起来，用鱼骨图画出项目的全局图，然后将大刺、中刺和小刺落实到甘特图表中。

为了能够保持对项目全局的印象，首先将能想到的任务名用头脑风暴的方式总结出来，进行反复分组后将其做成鱼骨图。

如果完全没有头绪，或者很难思考，也可以选择 PDCA 或者“前”“中”“后”等框架作为大刺，由此再进行思考会容易一些（深挖型鱼骨图）。

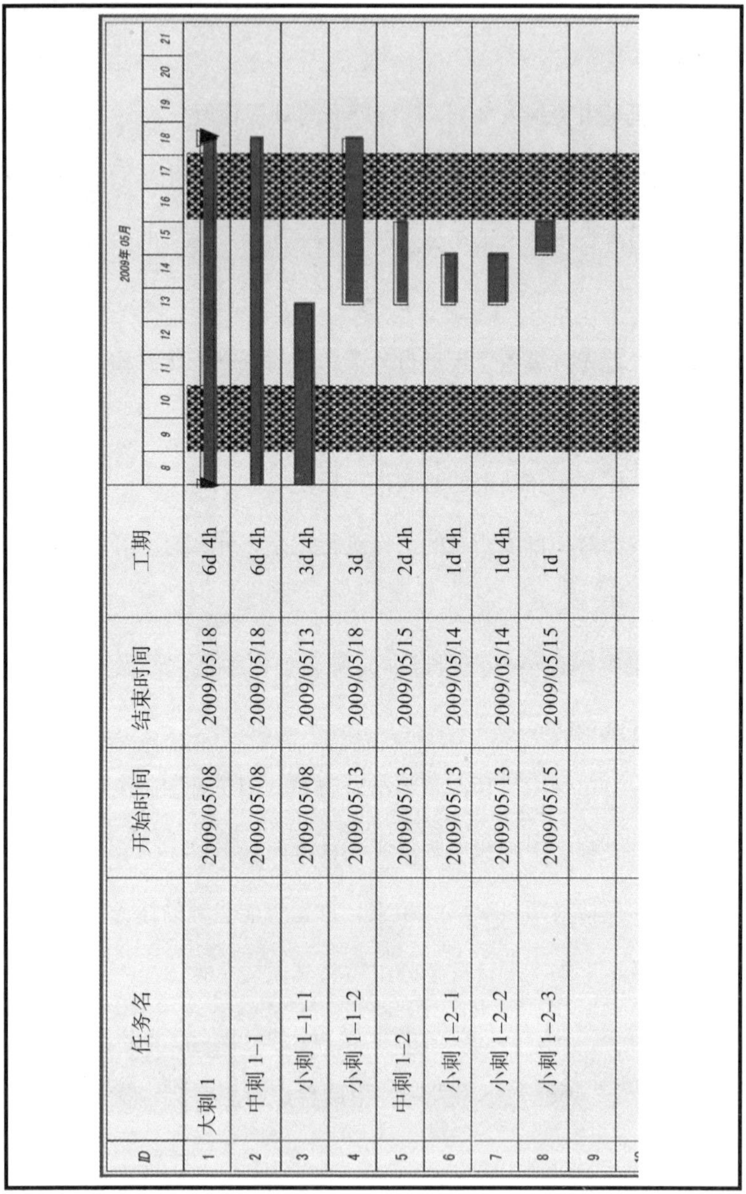

图 3–7 使用微软公司软件 Visio 制作的甘特图表例

完成鱼骨图后，安排每根鱼骨的开始时间、结束时间、工期、负责人等信息，并将其落实到鱼骨图中。

然后将大刺的工作作为大分类，中刺的工作作为中分类，小刺的工作作为小分类，填入甘特图表后，能够实施的甘特图表就做好了。

不要将负担都放在一个人身上

将项目成员的名字作为大刺，重新制作鱼骨图，可以对每位成员所承担的工作一目了然。

如果想知道某位成员是否承担了过多的工作，只需要看他那根大刺上中刺和小刺的数量就可以判断。

根据鱼骨的数量，可以判断成员间的工作安排得是否合理。

如果鱼骨出现了明显的不均衡，可以将鱼骨图与甘特图表进行对照，根据工作量和时间进行调整。

在碰头会或推介时拿出成果

不要想得过于复杂，尝试在很多场合使用鱼骨图，自然就会变得擅长使用鱼骨图。

虽然这么说，但是在学习、解决问题和时间管理之外，还有哪些商务场合可以使用鱼骨法呢?

在本章的最后，会给大家介绍一些可以灵活使用鱼骨图的情况。

• 碰头会

通常在参加碰头会或进行商谈之前，需要确认的事项或想要留下记录的内容都已经大致决定好了。

但是如果没有提前想好如何记笔记，会议结束后想要通过会议记录查看时，你可能会发现需要确认的事项没有得到确认，或是需要留下记录的内容没有记下来。

如果事先已经在某种程度上决定了需要做笔记的内容，可以先将它们做成鱼骨图的大刺和中刺，对照鱼骨图推进会议，进行记录，这样就不容易出现缺漏了。

这样做还可以有效提高效率，缩短会议时间。

以下项目可以作为大刺项目的参考。

（1）实施场所，开始时间 / 结束时间

（2）参加人员

不光是姓名和职位，还可以记下关键人物或是他们在会议中负责的工作。

（3）主题、目的、目标

理所当然，这次会议的主题，以及为什么要召开这次会议都是必需内容。

如果主题和目的都定下来了，那么作为会议的结果，想要取得怎样的成果也能够定下来。

在会议开始之前就能意识到目标是什么的话，会议结束时可以立刻判断是否取得了预期的成果，也能更好地找到下一次会议的主题。

（4）讨论事项

如果会议前就知道需要就哪些问题进行探讨，可以将需要讨论的问题和自己的意见、看法和疑问落实到鱼骨图上，让自己在会议中处于更主动的地位。

即使事先不知道要对哪些问题进行讨论，也可以随着会议的推进逐渐添加鱼骨，这样可以将会议中讨论的内容构造化。

（5）作业

记下在下次会议之前必须要做的事情，或是需要思考、调查的事情。

这里给大家举了一些例子，但也不必因这些例子限制了自己的思维。花些工夫寻找属于自己的大刺和中刺，并将其格式化，这样在碰到有会议要组织或是临时外出时你就不会慌张，还能更高效地完成商谈任务。

• 推介和汇报

通常，与鱼骨图相比，大家在进行推介和汇报时会更多地选择使用 PPT（幻灯片）进行展示。

我对某企业的骨干职员每年向董事会汇报工作时使用的 PPT 资料进行了整理，我发现：

如果将汇报的内容以 PPT 的形式进行展示，大多数情况下，汇报会变成一张张的幻灯片，内容太过分散，结果便是无法很好地了解全局。

尤其是幻灯片页数很多时，更容易变成这样。

为了整理混乱的 PPT，我让汇报者试着将其整理在一张鱼骨图上。

这种场合也可以使用鱼骨图，对于推介和汇报来说，内容构成是非常重要的。

在思考汇报内容的构成时使用鱼骨图，可以将汇报的题目作为鱼头，在背骨上写出自己想要传达的主要信息。

在进行大刺的分布时，要时刻意识到背骨上想要传达的主要信息，将副信息落实到大刺上。

以顺时针方向排列大刺，可以更容易确认汇报的流程和整体构成。此外，在每根鱼骨上标注好这一部分需要的时间，可以让时间分配也一目了然。

将完成的鱼骨图带到汇报现场，可以在做汇报时随时确认整体的构成和时间分配。

进一步推进到商谈和新思路！

• 商谈和交涉

在这个信息爆炸和物质丰富的年代，传统的经营方式已经很难顺利进行下去了。

去商谈之前，我们不但需要准备自家商品的相关说明，还需要事先搜集对手的信息，预想客户的需求，做好万全的准备。

将客户作为鱼头；将事先搜集的客户信息、想要了解的客户信息、客户的需求放在背骨的上方作为大刺；将提供商品或服务的特征、能够给客户带来的好处放在背骨的下方作为大刺。

看看背骨上方和下方是否平衡，如果关于自己公司的商品或服务的鱼骨过多，商谈很容易成为全是卖点的提案型销售，很难顺利进行下去。

所谓买点，如同字面意思，是销售时的重点。

随着商谈的推进，充实想要了解的客户信息，掌握客户的需求，就能逐渐看到自己公司的商品或服务带给客户的好处（利益）。

也就是说找到买点，这是推动客户进行购买的重点。

• 提案企划时也能用

有的时候无论怎么想也想不到好的企划点子，脑子里的想法转来转去但是就是找不到灵感。

让我们试着写一下解决方案，将其作为一个契机，让思维变得更加发散。

书写的方法有两种。

在决定大刺时，可以选择“深挖型鱼骨图”对大刺进行深挖，也可以选择能够发散思维想出很多点子然后再进行整理的“组合型鱼骨图”。

选择“深挖型鱼骨图”时，可能依然想不到什么好点子，这时可以参考以往成功的企划书，从中选择一些可以作为大刺的项目。

此外，也可以选择 5W1H 等框架进行思考，使用鱼骨图可以让深挖点子变得更简单。

如果选择了“组合型鱼骨图”，可以配合使用便签，这样更容易想出点子。

将能想到的内容直接写在便签上，这样每一张便签都是一个点子。

写着想法的便签达到一定数量时，就可以在白板上进行分组了，将相似的便签放在一组。

如果便签已经被分成了很多小组，可以试着将它们进一步分组，分成更大一点的小组，直到它们可以用来当大刺。

如果在写便签时已经把能想到的东西全都写出来了也不要紧，分组以后，以大刺为轴心可以继续展开思考。

在完成企划构想后，还可以用鱼骨图进行评价。

这种做法尤其适合一个人思考企划案的情况。通常对于自己想出的企划案，很难冷静地去评价这个企划案是好是坏，这也是人之常情。

毕竟是自己花费大量精力认真思考出来的企划案，自己肯定会觉得很完美。同时，由于审视企划案的角度基本上没有变化，想要换个角度去看也很难。

这时就可以用鱼骨法对其进行评价，将企划案作为鱼头，对大刺可以放置一些“有色眼镜”，有意识地改变自己的视角。

例如，对“白色眼镜”选择客观的数据，“红色眼镜”选择丰富的情感，“黑色眼镜”选择悲观的情绪去思考风险，等等。

此外，还有乐观的“黄色眼镜”、重视创新的“绿色眼镜”、重视整体平衡和进程的“蓝色眼镜”，等等。我们可以从不同的角度去评价自己的企划案。

IBM、杜邦、壳牌也在使用！

我在进行咨询工作时，经常会向客户介绍那种只有一个人的董事会，也会向他们讲讲中小企业经营者的思考方式。

虽然中小企业的经营者在很多方面能够充分发挥自己的领导力，但同时也很容易出现所有的事情都需要自己一个人进行判断的情况。

由于受过去经验的牵制，这种判断的视角很容易被固定化。

那么，谁能够跟这些充满能量的经营者推心置腹地探讨应该怎么做呢？通常这样的人并不存在，经营者是孤独的。

这种时候，可以通过戴上不同的“有色眼镜”来转换视角，召开董事会。有意识地选择不同的眼镜，就可以更换视角来考虑问题。

这种方法在为很多世界知名企业担任咨询工作的爱德华·德博诺所著的《六顶思考帽》一书中也有过介绍。

IBM（国际商业机器公司）、杜邦、壳牌石油等大型企业也在使用六顶思考帽思考法。

其实我当初还不知道德博诺的思考方法，只是想着“戴个眼镜”看看吧，没想到已经有前人的智慧对此进行总结了。

在我最初的思考中，乐观是黄色、悲观是黑色、重视整体平衡和进程是蓝色、丰富的情感是红色，只有这 4 种颜色。

与颜色相比，有意识地改变自己的视角更加重要，为了加深印象，我们可以搭配使用不同的颜色和工具。

第四章

数字时代的鱼骨整理术

将笔记与电脑联动的方法

曾经写下来的东西就不想再擦去

鱼骨法的基本原则之一，就是无论何时何地，用什么样的纸和笔都能进行书写。

我也是手写派的，只要有纸和笔，就能刷刷刷地写下去。

但是手写有手写的缺点，就是不容易进行修改。

不管写什么，想从动笔伊始就梳理好构想是很难的。通常都是一边写一边想一边改。

在制作鱼骨图时，也可能会遇到同样的问题。“原本打算当作人刺的内容，仔细考虑了一下又觉得还是做中刺比较好”“想要追加新的鱼骨，但是空间不够了”等等。

如果选择手写，一旦写下来就不容易修改了。

也可以直接用笔划掉，但是将已经写好的内容用笔划掉也是需要勇气的。

如果要修改的地方比较多，可能就得重新开始写了。

如果不想重新开始写，在动笔时就会变得非常谨慎，书写的内容会变少，速度也会受到影响。

这里为大家介绍一种能够解决这些烦恼的万能方法。

那就是使用电脑。

灵活运用电脑，即使写错了也很容易修改，复制粘贴功能让鱼骨内容的移动变得非常轻松。

也就是说，用电脑制作鱼骨图，修改起来非常简单。

此外，电脑还有如下数字化时代带给我们的优点：

- 可以进行复制
- 可以简单地进行演示和应用
- 可以进行数据共享
- 容易分类和整理
- 基本可以当作无限存储设备
- 方便检索

无论是纸质还是数字化，都各有自己的长处，因此不必拘泥于自己是手写派还是电脑派，只要方法好用就可以。

将手写与电脑结合使用来提高效率，才是明智的商业人士。

将纸质数字化！

这里给大家介绍一些可以活用电脑的窍门。

使用电脑可以让分类和整理变得更加简单，也很容易搜索，这是电脑的优势。

但实际上很多人在使用时并不能很好地发挥电脑的优势。

你可以试着想象一下，自己是不是也碰到过类似的情况。

在电脑桌面上开了好几个窗口都找不到自己需要的文件夹。为了找到需要的文件，在电脑里翻了半天。

就如同房间和书桌的整理一样，如果不能很好地整理电脑，文件在里面放得乱七八糟，就无法很好地发挥电脑的优势了。

将文件夹和文件阶层化！

为了便于整理和分类，我们需要将电脑中的文件或文件夹进行分层。实际上，分层是一项比较有难度的工作。

例如，将文件分为“个人生活”和“工作”，“个人生活”的下一层分为“家人”“兴趣”“旅行”“学习”,“家人”的下一层又分为“自己”“妻子”“孩子”等等，在它们之下还会有更下一层。

但是我们在最初并没有提前设定分到第几层为止，随着层级的增加，最后可能自己都搞不清楚到底是怎样分层的了。

这时我们可以拿出一张纸，将“工作”和“个人生活”作为大刺，将它们的下一层作为中刺，再下一层作为小刺，画一张鱼骨图。

虽然不能隔三岔五地修改文件夹的名称或是将文件夹删除，但是通过一张鱼骨图就能表现电脑内文件夹的层级状态和构造。

只要有这张鱼骨图，就不会出现前面讲的翻来翻去不知道文件夹在哪里的情况了。

将文件夹的构造画成鱼骨图，与在电脑中将文件以树状图显示的构造基本相同。

由于鱼骨图是手写的，比电脑显示还要麻烦一些。

但是电脑中的树状图构造，在文件夹较多时就无法做到一目了然了。

结果到头来可能还是会乱七八糟。鱼骨图的好处在于用一张图就可以掌握整体构造。

怕麻烦的人这样做！

一旦做好了鱼骨图，要再进行修改就会很麻烦。如果是怕麻烦，也可以借助电脑的力量。

实际上也有可以将文件夹做成树状图的软件，通过简单的操作也能够达到显示文件夹层级构造的目的。

点击开始菜单中的“显示全部程序”，选择“附件”，然后选择“命令提示符”。

打开“命令提示符”后，会弹出一个新的窗口，黑色的背景下面写着 C:\Documents and Settings 之类的文字，不必过于惊讶。在光标处键入“tree”，然后按回车键。

通过这样的操作，文件夹就会以树形图的形式展现出来了。

将其复制出来，就可以随时随地轻松掌握文件夹的构造了。

但是如果文件过多，这些信息一页纸是放不下的。

还是犹豫不决的话

即使了解了文件夹的构造，也还是不知道需要的文件在哪里。

为什么会发生这样的情况呢？因为不知道自己需要的文件是不是在它应该在的文件夹里。

例如关于工作上必须要知道的信息“提升自己的学习”，是放在“工作”文件夹了，还是放在“个人生活”文件夹了呢？如果全家人都喜欢打网球，那么关于网球的信息是应该放在“家人”文件夹中，还是放在“兴趣”文件夹中？碰到类似的情况，在给文件进行分类的时候就会非常苦恼。

也就是说，如果对文件夹的分层、分类过于详细，最后可能仍然会出现找不到文件的情况。

由于电脑具有搜索功能，因此不必过于纠结文件夹的构造，不必将文件夹的层级分得过于复杂，分类也可以抱着“大概分一下就可以”的心态，这样的做法会比较实用。

在文件夹的分层这件事上，不必过于神经质，通常将文件夹分为三个层级就能满足大多数文件存储的需求了。

然后再利用“搜索”工具进行搜索就好了。

给文件夹命名的方法

不过需要注意，虽然不用过度纠结文件夹的层级，但是一定要认真对待文件夹的命名，否则就没办法通过文件名进行搜索了。

在给文件夹命名时，不必在意文件夹的构造，将命名过的文件或文件夹直接扔进上一级文件夹就好了。

人在出生之后就会被命名，例如在日本，通常大家的名字都是由姓和名组成的。

但是如何给电脑文件命名，并没有一个相对统一的标准，不同的公司、不同的人在给 Word、Excel 和 PowerPoint 等文件命名时的习惯都不尽相同。

即使是同一个人，给这个文件起名为“A 公司企划书 .doc”，给下一个文件起名可能就会变成“企划书 B 公司 090509.doc”。也可能每一天给文件命名的方式都有一点小变化。

由于电脑的搜索功能非常强大，因此如果能事先决定好自己的命名方式，在搜索的时候就会非常便利。

但是也会出现文件无法被统一命名的情况。

以我自己为例，虽然我在有意识地统一命名方式，但是受到职业的影响，需要将文件发给很多公司，也要从很多公司接收文件，而来自不同公司的文件的命名方式又有很大的不同。

从礼貌上来讲，收到的文件尽量不去变更对方的文件名，所以将命名统一起来几乎是不可能实现的事情。

虚拟文件夹的命名规则

这里也有一些小窍门。

例如，有一个叫作“工作”的文件夹，想要在这个文件夹中放一个文件夹用来显示文件命名的方法，可以建立一个虚拟文件夹。

方法十分简单。

打开“工作”文件夹，在菜单栏的“文件”选项中点击“文件夹”，或者在右键菜单中选择“新建”，然后选择“文件夹”，仅此而已。

在这样的操作之后，文件夹中会出现一个叫作“新建文件夹”的文件夹，我们可以给这个文件夹进行命名。

我们要将给文件夹命名的规则作为这个文件夹的文件夹名。

例如这个虚拟的文件夹名叫作“顾客名 日期”，以此为规则，放入“工作”文件夹的文件都统一为“某公司 090312”或是“某出版物 090423”进行保存。

在“工作”文件夹中新建的虚拟文件夹只用来显示“文件的命名规则”，因此不要在这个文件夹中放任何文件。

通过这样的整理和设置，在打开一个文件夹时，就可以通过参考虚拟文件夹的文件夹名来确定命名规则，也就不会随着当天的心情随便命名了。但是也要注意不要忘记客户特有的命名方式。

利用符号将文件夹提前！

在给虚拟文件夹进行命名的时候，还可以再花一些小心思。

在文件夹名前面加上★、●或@之类的符号。

例如在刚刚的文件夹名“顾客名 日期”的前面加上★，文件夹名就会变成“★顾客名 日期”（见图4–1）。

文件夹中的其他文件名没有加★，依然跟之前一样是“某公司090312”和“某出版物090423”。

为什么要给虚拟文件夹加上★、●或@之类的符号呢？因为这样就可以在“按文件名排列”时让虚拟文件夹一直保持在最前面。

打开文件夹时，文件的命名方法始终显示在文件夹的最前面，这样无论何时需要给文件进行命名都可以参考。

文件名长一点也不要紧！

那么，文件名中包含怎样的内容会更容易被搜索到呢？

以我们刚刚举过例子的文件名为例，“某出版物090423”，文件名中包含着“谁”和“什么时候”的信息。

但只是这样还不够。

文件名中虽然标注了“顾客名”，但如果还有很多其他文件也是同一位顾客的，在搜索时其他文件也会被搜索出来。

因此文件名最好能包含具体内容或版本，要比现在多增加一些

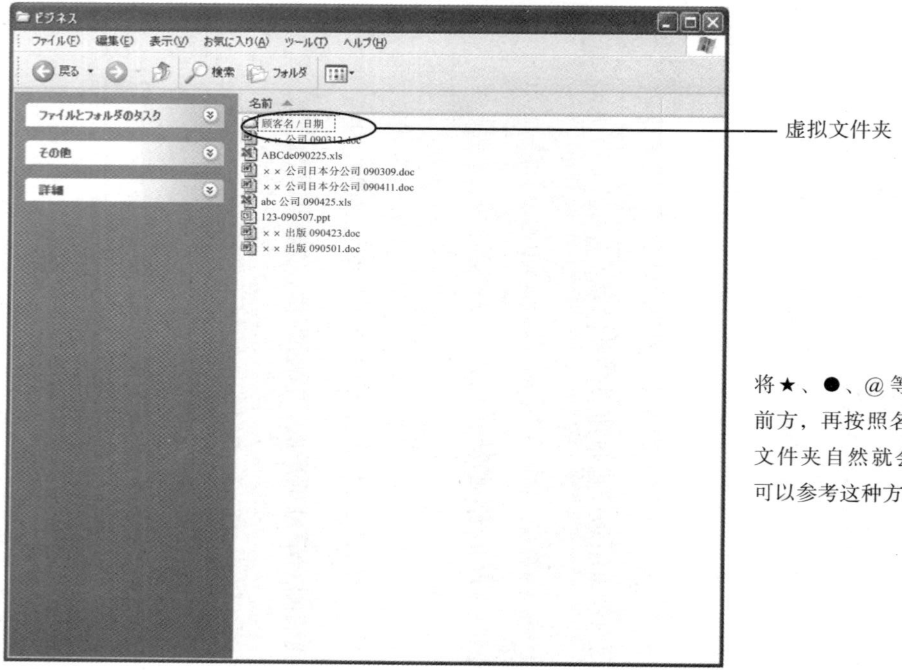

将★、●、@ 等放在文件夹名称的前方，再按照名称进行排列，这个文件夹自然就会在列表的最顶端。可以参考这种方法来给文件夹命名。

图 4–1

信息。

例如将文件命名为“××出版企划 FB 090423 ver1”，用“FB”（鱼骨 fishbone 的缩写）或“企划”做关键词也能搜到。

在向他人发送文件的时候，如果文件名过长可能会招致对方反感。

但是为了方便自己进行搜索，文件名长一点儿也不要紧。

如果文件名太长，可能会出现电脑屏幕无法完全显示的情况，但是通常的显示方式都能显示 30 个左右的全角字符。

如果用 30 个字的话，肯定能够包含很多信息，检索将变得非常容易。

如果用软件的话

让我们的话题再回到鱼骨法上。

刚刚说过手写的鱼骨图非常不容易进行修改。

如果有一种可以绘制鱼骨图的电脑软件，那么就可以用“撤销”或是“复制”、“粘贴”等功能，轻松完成鱼骨图的修改。

但是很遗憾，目前还没有多少能够用来制作鱼骨图的软件。

大家可以在提供免费软件下载的网站上用“特性因果图”做关键

字进行搜索，就能找到一些相关软件。

在付费软件当中，微软公司的视觉化工具软件 Visio 中，有一种叫作“原因结果图表”的模板，可以用这个模版来绘制鱼骨图（见图 4–2）。

在 Visio 当中，鱼骨图的模板是“头脑风暴图”和“树形解析图”等众多可视化工具中的一种，并不是专门的笔记法。

因此，想要将软件作为笔记软件使用的话，在操作上会有不便的地方。

如果只是为了制作鱼骨图就购买 Visio 软件的话性价比也会较低。

但是这个软件可以配合其他视觉化工具来使用，与微软公司的“Office”软件也比较容易兼容，甚至可以将用 Visio 制作的鱼骨图直接复制粘贴到 PowerPoint 中去使用。

因此可以综合考虑，是否在鱼骨法之外也有需要使用 Visio 的需求，要综合考虑性价比。

Visio 的试用版可以从微软公司的主页上下载，可以先试试看。

简单的数据库

在将鱼骨法作为笔记法的一种来使用时，因为没有专门针对鱼骨

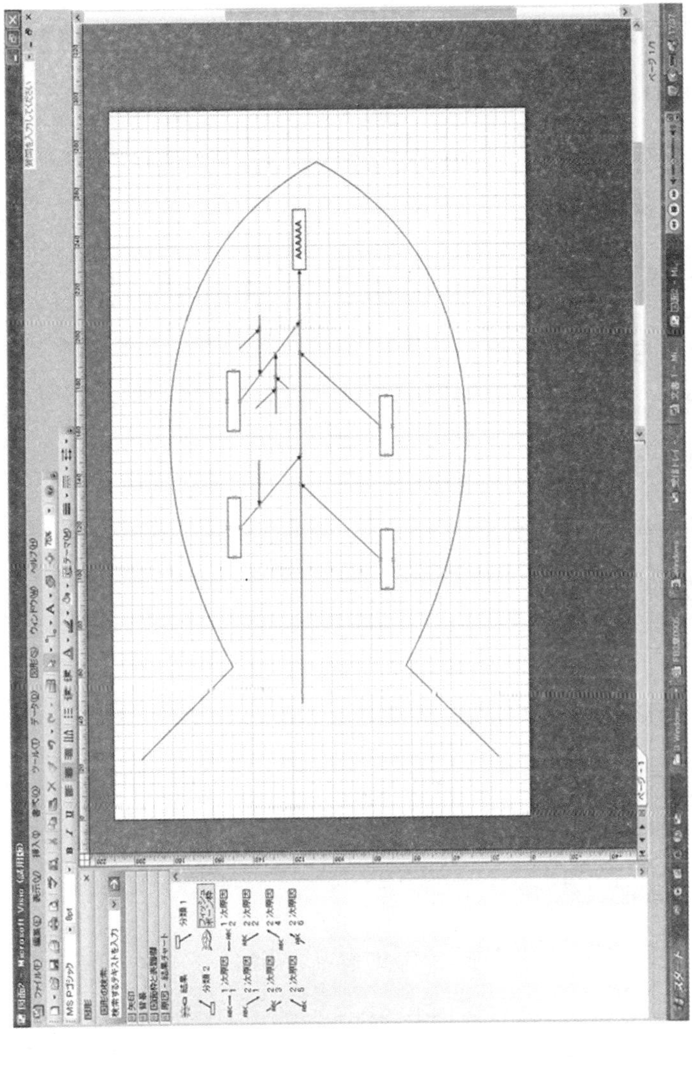

图 4-2　使用微软公司 Visio（试用版）制作鱼骨图的例子

法的软件，所以也不必刻意追求软件的使用。

但是即使使用手写的鱼骨图，也可以将其与数据不受限制储存和方便检索等数字化的优势相结合。

那么就来思考一下如何简单地将手写的鱼骨图带入数字化的世界吧。

将手写的鱼骨图进行扫描。扫描后的文件按照前文介绍过的方法进行命名。

将其添加到邮件的附件当中，邮件名与文件名保持一致，把这封邮件发给自己。

随着发给自己的邮件越来越多，邮件服务器一端就形成了鱼骨图的数据库。

由于邮件系统也具有搜索功能，只要用关键词进行搜索，就能按照文件名找到带有文件附件的邮件。

关于邮件服务提供商的选择，可以选择自己常用的邮箱，也可以选择谷歌公司的 Gmail，不但邮箱容量较大，而且只要有网络环境，在哪儿都可以轻松访问。

通过谷歌网站可以进行简单的设定，当然，它是免费的。

更重要的是，谷歌的检索功能非常好用，只需要将文件发送到 Gmail，立刻就可以进行搜索了。

而且将数字化的鱼骨图发送至邮箱后，就不用担心写有鱼骨图的纸张遗失了。只要记住邮箱的用户名和密码，即使出差在外没带电脑，也可以通过网吧等环境轻松地访问自己的数据库，调出想要的鱼骨图。

这样我们就拥有了一个简易的数据库。

如果觉得同时使用平时常用的邮箱和Gmail会很麻烦，可以在平时使用的邮箱中进行设置，将所有邮件都转发到Gmail一份，十分方便。

平时的邮箱是用来做联络的，Gmail则是我们可以随时轻松访问的数据库。

创建过多的文件夹会出现因为文件夹太多而不知道文件放到哪里的困扰。在Gmail的邮箱系统中，可以通过标签的形式对邮件进行分类和整理。

因为同一封邮件可以同时拥有数个标签，所以不必非得将其进行分类放到指定的文件夹。

如果是像碰头会这种可以使用固定格式鱼骨图的场合，一定要做好“格式”的标签，这样可以在有需要的时候第一时间找到自己用着顺手的格式，事半功倍。

如果是读书笔记或是学习笔记，也可以贴上“读书”或是“知识”的标签，这个数据库还能成为大家网络空间中知识的源泉。

人类的记忆有限，但是网络空间中的知识是无限的，它为你提供了存储你所学知识的空间。

如此简单便利低成本的数据库，有什么理由不试一下呢？

使日程安排更轻松

在时间管理的章节中，给大家介绍了将鱼骨图中的各大部分填入甘特图表的方法。

使用 Excel 可以简单地自己动手制作甘特图表，在免费软件下载网站搜索甘特图表也能搜到不少相关软件。

刚刚介绍过的微软公司的 Visio 当中也有甘特图表的模板。

甘特图表在管理由多人组成的项目小组的日程安排时非常有效。

在甘特图表中，每个任务都有自己的时间条，对于同时进行的任务或是前后工程等任务也可以做到一目了然。

但是在进行个人日程管理时，常见的日历形式更加合适。

这是因为在个人日程中，即使会有工作安排、学习安排、私人生活安排等各种各样的安排，但基本上不会出现同一时间需要同时进行两件事的情况。

也就是说，个人的日程如果体现在时间轴上，会变成9点到10点开会，10点开始移动，11点抵达公司后开始写报告书，18点到19点半去资格考试培训班上课，20点跟朋友出去吃晚饭……

并不会出现18点到19点半去上课，18点到20点跟朋友吃饭的日程安排。

由于是时间重合的两个安排，必须有所取舍。

因此，不管是选择1日类型、1周类型还是1月类型的日程表，个人日程管理使用最多的格式依然是日历式。

补充日历的欠缺

但是日历型的日程管理也有它的缺点。

按照预定的时间轴开会、写报告书、参加培训、与朋友吃饭……时间安排得很满。

但是通过这个时间表并没有办法判断学习和工作各占用了多少时间。

也就是说无法按照工作或学习等项目对日程的流程和平衡进行判断。

因此我们需要以工作或学习等项目做大刺的鱼骨图。

从鱼骨图思考必须要做的事情有哪些，也可以通过鱼骨的情况来判断工作或学习等项目是否取得了整体的平衡。

用一张鱼骨图来反映自己的生活，然后将鱼刺拆分下来填入日历型日程表，对每一天的安排进行调整。

说起来简单，但是将鱼骨图中的鱼骨拆分出来填入日历型日程表，有时也会碰到一些困难。

写了改、改了再写，很容易将日程表写得乱七八糟，反而会消减斗志。

传统与数字化的融合

这种时候就需要传统与数字化的融合。不是将手写的鱼骨图拆分后填入日程表，而是填入谷歌日历。

谷歌日历是在谷歌网站上登录（输入邮箱的用户名和密码）后就可以使用的免费日程管理工具。

使用方法非常简单，用使用 Gmail 时的用户名和密码登录即可。

谷歌日历的优点在于，可以在以天、周、月、年为单位的日历上显示数个日程安排，也可以根据日程的不同属性进行单独显示。

也就是说可以将鱼骨图中包括大刺“工作”和“学习”等的全部

项目都显示出来。将日程在一张日历上显示出来，还能按照时间轴进行调整。

此外，还可以选择对某一项目进行单独显示，例如仅显示“学习”的项目，确认单独项目的流程。

对各个大刺上小刺的数量进行确认，然后用鱼骨图对各个项目之间的平衡进行调整。

如果不去考虑整体的平衡，只是按照日程安排度过每一天，很容易忽视这一周的日程中是否安排了对你而言真正重要的事情。

将能够看到全局的鱼骨图与能够使用时间轴的谷歌日历相融合，就能够实现看到每一项之间的平衡，在时间轴上看到所有的日程安排，以及将不同项目的日程安排单独显示在时间轴上。

与 Gmail 相同，这些只要有网络环境，就能够实现。

不要管理时间

关于日程管理，还有一件事也很重要。

1 天有 24 小时，1 年有 365 天，时间是有限的。

而且看上去一直在持续的时间，对于个人来说，会随着死亡到达终点。时间是不知道什么时候就会结束的。

如果这样去思考的话，迄今为止我们一直在使用时间管理，然而却并没有办法管理时间。

无论怎样努力，时间都不会增加或减少。就算今天比较闲，我们也没有办法把今天的一个小时放到明天，让明天 1 天有 25 个小时。

如果觉得自己能够管理时间，那是非常大的错觉。

虽然无法管理时间，但是我们可以管理工作或个人生活中的安排。

“做什么”“不做什么”“管理需要做的事情（任务管理）”等等。

管理时间和管理要做的事情，两者之间有非常相似的部分，但也需要知道二者是不同的。

如果去管理时间，就经常会处于追赶时间的状态，卷入与时间的竞争当中。

选择“要做的事情”，将它们安排到有限的时间中。

所以来选择“做什么”和“不做什么”吧。

不这样做的话，可能会经常优先处理眼前紧急性较高的事情，却一直拖延那些虽然紧急性不是很高但是重要性很高的事情。

结果只是度过了忙忙碌碌的一天又一天，却没有注意到忽视了非常重要的事情。

确认鱼骨图中是否写了真正重要的“做什么”，然后将其安排到日历日程中。

第五章

鱼骨实现术

达成目标、获得成功的方法

鱼骨成功法则

作为笔记法的鱼骨法，不但有助于学习和工作，在你追求梦想的路上也能发挥巨大的能量。

梦想是指在内心中描绘的将来想要实现的愿望。

如果只是在内心中描绘，那梦想永远是个梦。梦想是需要被实现的。

那么，如何才能实现梦想呢?

答案非常简单。

首先，将你描绘的梦想写到纸上。

写出梦想，是实现梦想的第一步。

写出梦想后，梦想便不再是心中描绘的不明确的思绪了，将其具体化，梦想便从脑海中的世界来到了现实世界。

然后反复看着写有梦想的纸。如果只是写一次的话，不知道什么时候就会忘记。隔三岔五地将写着梦想的纸拿出来看，可以加深大脑对它的印象。

反复这样做以后，渐渐能够想象“梦想实现时的样子”，成功率也会有所增加，这也是经常被提到的“成功的法则”。

很多成功人士在讲述自己的成功经验时都会提到这个法则。有时我也会想这说不定是个真理。

将梦想逐条写在纸上也是一种非常有效的方法。配合使用鱼骨法能够将你引导到更高的层次。

在最后一章，我们就来谈一谈如何用鱼骨笔记法实现更高一级的生存方式。

将“实现自我”可视化

长大成人以后，在被问到有什么想要实现的梦想时，已经很难像儿时一样大声说出“我的梦想是 ××××”了。

如果是小时候，会随口说出“想要成为足球运动员，参加世界杯，获得优胜”“想要成为歌手，唱出广为传颂的歌曲”等等，因为有很多梦想，总是可以很快地回答这个问题。

但是，经历了社会生活的残酷后，每天都疲于奔波，时间一眨眼就过去了。

再被问到“你的梦想是什么”，也不知道如何去回答了。

相信你的脑海里一定有很多想法，但是却说不出来。在这样的状态下想要实现梦想是很困难的。

因为不知道梦想是什么，所以没办法去实现。

那么我们换一种问法，“你真正想要做的事情是什么”“你想要变成怎样的人”？

是不是能够回答出来“那个也想做”“这个也想做”“想要变成这样”“想要变成那样”了呢？

这时就需要将自己真正“想要做什么事情”和“想要成为什么样的人”的答案从脑海中拉出来。

也就是把它们写下来。

很多成功人士也肯定过将想法落实到纸面上的有效性。可能你多多少少也有所耳闻。

但是很多人并不会真的动手去写。其实这是最先出现的决定成败的地方。

首先，在纸上写出“自己想做的事情”或“想要成为的人”。

遗愿清单？

如果是看过《遗愿清单》这部电影的人，一定知道“the bucket list”（遗愿清单）吧。

遗愿清单是指临死之前一定要做的事情的列表。

电影讲述了由杰克·尼科尔森饰演的因晚期癌症生命只剩6个月的富豪爱德华·科尔和由摩根·弗里曼饰演的为了家人当了一辈子修车工的卡特·钱伯斯的故事。两人因在医院住进同一间病房而相识。

两人决定将死之前想要做的事情列成清单，然后逐一实现。去金字塔、去喜马拉雅山、去跳伞、去参加赛车等等，两人将写下来的项目一个一个去实现。

如何度过余生，听上去是让人感觉很凄凉的话题，但是两位演员的出色表演却让人时而大笑时而感动。

不拘泥于只剩下6个月的遗愿清单，但是“想做什么事情”“想成为什么样的人”你自己心里才是最清楚的。

将它们写在纸上。

刚开始时可以想到什么写什么，然后慢慢随着思考进行调整。

找到自己真正“想做的事情”和“想成为的人”吧！

可能有些人怎么努力思考也不知道自己真正“想做什么事情”“想成为什么样的人”，那么尝试一下逆向思考吧。

找到你不想成为的“你”

“自己不想做的事情是什么？”“不想成为怎样的人？”

写出自己“不想做的事情”和“不想成为的人”，它的反面就是“想做的事情”和“想成为的人”。

“想做的事情”，例如“想要独自生活”或“想要去 ×× 留学”，是可以通过行动来实现的事情，也就是“TO DO”。

“想要成为的人”，例如“想要成为有包容力的人”或“想要成为擅长某种技能的人”，是一种状态，也就是“TO BE”（成为）。

从行动开始思考和从实现的状态开始思考，有各自不同的做法。

在参加培训时，有时会碰到培训老师在刚开始时要求写出“若干年后，不想变成什么样”，还可以是想到什么写什么。

实际上，不想成为什么样的人，意外地，很容易写。

如果能看到自己不想成为什么样的人，那么大概也就能想象出将来自己想要成为怎样的人了。

知道自己将来想要成为怎样的人，自然也就知道为了成为这样的人应该怎么做（行动）。

去实现它们的方法有很多，首先要找到真正“想做的事情”或“想成为的人”吧。

“选择什么，不选择什么”，你有选择的自由。

设定富士山和大中小目标

为了将来能够实现自我，“想做的事情”和“要做的事情”换个角度想就是为了实现梦想的目标。

字典上对目标的定义是“想要到达的目的或标准”。

梦想越大，要去实现的目标就越高。

但是如果刚开始就设立一个很大的目标，渐渐会担心自己能不能走那么远。

但是，不要急。

即使没办法一步登上富士山，只要一步一步地前进，一点一点攀登，终究会到达顶峰。

为了实现远大的目标，可以在大目标之前设定个中目标，为了达成中目标，在这之前再设个小目标，先去实现小目标。

“大目标”、“中目标”和“小目标”。

即使不能一步登天，只要向着小目标全力以赴，肯定有一天能够实现大目标。

目标是一环扣一环的。

达成小目标是为了达成中目标，达成中目标是为了达成大目标。将目标的连锁关系写在纸上，自然就可以带着自信前进了。

人生如同鱼骨！

大目标、中目标、小目标。有没有觉得这样的关联有点眼熟？

是的，和鱼骨图中大刺、中刺、小刺的关系是一样的。

因此用鱼骨图也可以很好地表现目标之间的连锁关系。

使用鱼骨图，可以将目标之间的连锁关系可视化。

SMART 原则

在将目标落实到鱼骨图上之前，首先来学习一下设定目标的原则吧。

用以下单词的首字母组成的 SMART 原则，如果是从事项目管理工作的读者可能会觉得很熟悉。

Specific（具体的）

Measurable（可测量的）

Agreed upon（能够认可的）

Realistic（可实现的）

Timely（有期限的）

这 5 点是设定目标时必不可少的要点。

例如，因为每天工作太忙没有时间陪伴家人，所以将“想要全家旅行”作为目标。但是这个目标过于抽象，不能称之为好目标。

目标的设立，要能够关联达成目标的行动。

那么我们对照 SMART 原则来看看“想要全家旅行”这个目标吧。

Specific（具体的）

同样是全家旅行，是出国旅行还是国内旅行，会有很大的差别。即使同样是出国旅行，去夏威夷和去拉斯维加斯也会有很大的差别。

因此只说全家旅行的话还不够具体。

Measurable（可测量的）

是尽量选择便宜的旅行团、每人 3 000 元的预算，还是全程头等舱的豪华旅行、每人 20 万的预算，不同的行程需要做的准备也不一样。

目标需要用数字来量化。

Agreed upon（能够认可的）

即使是非常出色的目标，如果自己不能认可（行动），也很难去实现。

想要达成团队目标的情况也是相同的。如果不能得到成员的认可，想要实现就很困难。全家旅行也是如此，即使爸爸大声说着想要全家旅行，如果妈妈和孩子完全没兴趣的话，那最终很可能会变成爸爸一个人的旅行。

Realistic（可实现的）

如果是带全家去夏威夷的话，并非完全不可能。但如果是带全家去月球旅行，那就不太现实了。

因为目标是用来实现的，所以如果将不太现实的事情作为目标，就没有意义了。

Timely（有期限的）

下个月出国旅行和三年后出国旅行会有很大的差别。

设定一个期限，在这个日期前该以怎样的计划才能实现目标？有了这样的设定，达成目标的可能性就会更大。

对没有期限的目标是很难做计划的。

用 SMART 原则作为检查目标的参考，是非常聪明的做法。

例如在企业中有时会设定“强化销售能力”作为目标。

按照 SMART 原则进行对照，这个目标并不是一个很好的目标。

因为即使这个目标被认可了（Agreed upon），也是可实现的（Realistic），但并不是具体的（Specific），也无法测量（Measurable），也不知道强化到什么时候（Timely）。

搞不好一年以后还在“强化销售能力”。

三年后年收入 2 000 万日元!

将目标写在纸上时，除了 SMART 原则外还有一件很重要的事。

不要将目标写成“想要 ×××”的愿望，而是要写成“做 ×××”的行动或“成为 ××”的状态。

例如“希望三年后的年收入能到 2 000 万日元”，这种表现方式只是一种愿望，并不是三年后实现目标的状态。

如果三年后，依然是“希望三年后的年收入能到 2 000 万日元”的状态，那么“年收入 2 000 万日元”可能会终结于美好的愿望。

不要用“想要 ×××”的愿望式表达，而是要明确“3 年后年收入 2 000 万日元”。

目标是什么？人生的目的是什么？

如果去思考人生的目标的话，不可避免地会想到人为什么会出生，又为了什么而活着，这是人生的目的。

要是思考梦想和目标的话勉强还可以，如果说到人生的目的，可能很多人从来没有思考过。

其实我在二十几岁的时候，也经常只是想着“想要做这个！想要做那个！”，并没有设定什么目标，更别说思考人生的目的了。

但是经历了家人的生病和离世，我渐渐开始学会思考人生了。

即使不去思考人生的目的，也不会对达成目标或是日常生活产生什么影响。

但是如果有了人生的目的，为了达成目标而努力时的动力会完全不同。此外，对每天生活的感悟也会有所不同。

这一点对公司来说也是一样的。

如果将人生的目的放到公司的环境来说，就是所谓的经营理念和愿景。

经营理念和愿景绝不是摆设，而是向着目标奋勇前进的动力和享受奋斗的秘方。

我在给公司继承人或是组织规模过大以至部门间沟通不当的企业人员做培训时，通常都会让他们再次确认自己公司的经营理念，一字一句地反复品味和思考。

经营理念和愿景对于企业来说，通常都会与企业的历史相关联，是强化组织力的重要因子。

稍微扯远了一点，我们不仅仅需要目标，最好还能拥有目的。

无论是目的还是目标，都是非常有必要的，两者可以说是配套的。

如果没有目的，一味地去追求达成目标，那么很快就会感到疲劳。

同样，如果没有目标，只是每天说着目标是什么，最终也很难达到目的。

例如，在工作场合设定一个目标，将“增加10个新客户”作为每个月的销售目标。

有了目标，能否达成目标便一目了然了，每个月都为了这个目标而奋斗，这种心气不知道什么时候就会消失了。

因此，需要一个“为了什么”的目的。

那么到底“为了什么”要每月“增加10个客户”呢?

“为了维持销售额”或者“为了开拓市场”，与这些目的相比，在此之上一定还有一个更大的目的。

“为了什么，是为了维持销售额吗?”“为了什么，是为了开拓市场吗?”越是拥有或是意识到比这些目的更大的目的的人，越容易取得成功。

三个瓦匠

可能有些人知道关于3个瓦匠的寓言故事。

一位旅人在城中遇到了3个一边流汗一边工作的瓦匠，并且问了他们相同的问题："你在干什么？"

第一位正在砌砖的瓦匠说："正如你所见，我收到命令正在砌砖。"

第二位正在砌砖的瓦匠说："因为每砌一块砖能拿到10美分，我正在用砖砌墙。"

第三位正在砌砖的瓦匠说："我用砖砌成的墙将来会变成大教堂，我很期待当我的孩子长大以后能够带他们来看看这个教堂，所以我现在在用砖砌墙。"

三个人砌砖的行为本身没有什么差别，但是他们的目的却各不相同。

即使是相同的行为，因为不同的目的，意义也会变得不一样。

同样，如果只有很高的目的，但是眼前没有目标，目的很可能会变成白日梦。因为不去行动就没办法成功。

牛尾电机公司的会长牛尾治朗在《我人生中铭记的30句话》（致知出版社）中提到，创业之初在索尼的工厂里看到过一句话："一边做梦一边挥锹。"

虽然每天推进工作可能很辛苦，但那一定是因为有梦想在前方。

差不多到了将它鱼骨化的时候了

说了这么多关于目的和目标的内容，差不多也可以把它们落实到鱼骨图上了。

首先将想要实现的状态或梦想当作鱼头写下来。

然后将实现这个梦想的目的和任务写在背骨上。

然后将为了实现这个状态所需要的目标作为大刺写在鱼骨图上。

如果觉得有点麻烦，可以试着这样想象：

在鱼头的位置上写出将来想要实现的状态（以变成有钱人为例），然后将为什么要“变成有钱人”写在背骨上，然后将如何能变成有钱人写在大刺上。

然后将为了达成大目标所需要的中目标和为了达成中目标所需要的小目标作为中刺和小刺写在鱼骨图上。

请一定要在合上本书后试试写出自己的鱼骨图。

用鱼骨找到不足

看着已经完成的鱼骨图，觉得怎么样？

在那里有你的梦想和人生目的，以及你需要达成的目标。

今天按照哪根大刺来安排一整天的日程呢?

每天都看这张鱼骨图，记忆会变得更深刻，每一天都向着接近想要实现的状态一步一步前进。

那么再来看以下已经完成的鱼骨图吧。

看看鱼骨图整体的平衡感如何。

作为一个人，你可能有公司职员、丈夫、父亲、朋友、孩子，甚至地区志愿者等很多身份。

在 1 天只有 24 小时、1 年只有 365 天，这样对谁都平等的时间中，如何去平衡不同的身份呢?

在每个身份上花费多少时间，取决于你的价值观和人生目的。

在刚刚写好的鱼骨图当中，再加上自己的不同身份进行思考，鱼骨整体的平衡是否达到了自己理想的平衡呢?

公司职员、丈夫、父亲、朋友、孩子……每个身份应该呈现出怎样的平衡才是对的呢?它会因你的价值观而有所不同，在不同的时期也会呈现出不同的平衡。

但是应该注意避免这种情况：长期处于偏离自己理想平衡的状态。

如果为了家人拼命工作，连休息的时间都没有，那么孩子也会因为缺少陪伴而感到寂寞。

“爸爸上周每天回来都很晚，难得的星期天也不能休息一下吗？”一周又一周，等自己发现的时候孩子可能已经长大了。

其实我儿子刚出生的时候，是我第一次意识到平衡出现问题的时候。

当时公司成立没多久，周末也经常忙于工作。

即使是好不容易安排的全家旅行，我也要带着电脑，只是将办公室搬到了酒店而已。

为了能够让刚成立的公司尽快步入正轨，我花费了很大的精力。所以当时我的鱼骨图中几乎全是关于工作的大刺，这部分的刺也非常密集。

我拼命工作是为了家人，但是关于家人的鱼骨数量之少却令人惊讶，与我心目中理想的鱼骨图相去甚远。

在那之后，我的一些私事成了让我重新思考鱼骨图整体平衡的契机。

根据自己不同的身份，将鱼骨图的平衡重新进行了调整。

一目了然的平衡感是只有鱼骨图才能做到的。

我们在日常生活中会与很多人产生关联，在这些关联中会以不同的身份出现。

根据自己的身份，重新思考一下对自己来说什么是最重要的，然后将它可视化吧。

试着将现在的生活写成鱼骨

刚刚我们将梦想作为鱼头，绘制了一幅鱼骨图。

可能很多人的鱼骨图会呈现出偏向工作或者偏向私人生活的情况。

这张鱼骨图是实现鱼骨图所展示出来的梦想的重要指南。

但是，符合自己价值观的身份平衡在丰富的人生当中也是必需的。

“重视出人头地的人”“重视财富的人”“重视与家人共度时光的人”“重视个人兴趣的人”……每个人重视的东西都会有所差别。

根据自己的价值观，看看鱼骨图的整体是否保持了平衡。这次可以将大家的不同身份（公司职员、丈夫、父亲……）作为大刺，将现在的生活写成鱼骨图。

可以将中刺和小刺列在大刺的范围内，写一下最近一年的情况。

看看是不是有哪里的大刺周围中刺和小刺太多？

鱼骨图整体是否出现了很大的重心不平衡？

还有如果鱼骨整体的数量很多的话，那么是不是整体都是鱼骨密度很低的状态呢?

写出理想的人生

接下来要不要试试写出理想的、丰富的人生鱼骨图呢?

将不同身份作为大刺，将“如果能够做到这样就好了”作为每根大刺上的中刺和小刺。

如果一直想不出理想的鱼骨图中应该有怎样的身份和行动，试着想一想自己临死之前。

这种方法在史蒂芬 · R. 柯维所著的《高效能人士的七个习惯》当中也介绍过。

安静地闭上眼睛，幻想三年后自己葬礼上的情景。

你希望哪些人出席你的葬礼？你希望听到怎样的评价？通过想象这样的情景，就能寻找到你理想的身份和行动。

我对参加我的创业培训的学员也会布置同样的作业。

对于从公司辞职、开始自己创业的创业者来说，自己生意的结果全部与自己有关。

在普通的经营战略或是事业规划的书籍中，通常不会包含去思考自己活法的内容。

但是一旦开始创业，工作就和自己的人生有了更加紧密的联系。

尤其是越小的生意，联系就越紧密。

例如你开了一家面包店，“想到死为止都亲手为当地居民提供好吃的面包”和“希望店铺走上正轨后多开几家连锁店，自己专心进行店铺管理”，或是“肯定要以上市为目标”，这些不同的想法会使结果有很大的差别。

不能说哪个好或者哪个不好，但是如何做生意与自己怎样生活有着很大的关联。

将现状生活鱼骨图和理想生活鱼骨图进行对比，就能知道差异在哪里了。

终点！终点！终点！

想要过上理想中丰富的生活，就需要去消除两张鱼骨图之间的差异。

在解决问题的部分，我曾经说过这个差异就是问题。

想要把握问题，就需要了解理想的状态和现实的状态。

能够把握问题，就能去追究问题的原因，把它变成课题，然后去思考解决方案。

把握理想的状态和现实的状态是起跑线。

赶快拿起笔来，写一下现实的鱼骨图和理想的鱼骨图吧！

不先站在起跑线上，永远不会到达终点。

如果已经阅读到这里，那么你马上要到本书的终点了。

马上开始吧！

后　记

将大脑接收到的信息通过分类和整理写在一张纸上，然后将其活用于学习、工作、时间管理和解决问题等场合。

实现丰富的人生，不被信息所牵制，灵活运用信息创造丰富的生活。

这些是本书想要传达的内容。

从小就开始记笔记，不可思议的是似乎并没有学过如何去记笔记，不知不觉间就形成了自己的记法。

能够很好地整理信息，与不能很好地整理信息，会有很大的差别。

例如，参加同一讲座的 A 和 B 两个人。

A 能够很好地将讲座内容整理成笔记，遇到什么事时可以随时查阅，慢慢将其吸收，并进行实践。

另一边，B 只是来听讲座，并没有记笔记。

虽然接收到的信息是相同的，但是之后会产生很大的差距。

人生也是这样的积累。

那么，能够创造丰富人生的工具是什么呢？

其中之一便是“鱼骨法”。

鱼刺?

第一次听到这个词语的时候你是不是有些摸不着头脑?但是已经阅读到这里的你，一定知道这是一种“将大脑接收到的信息以鱼骨的形状进行整理”的非常简单的工具。

将信息整理成鱼骨的形状，信息的整体是一条鱼，构成整体的信息可以通过每一根鱼刺来表现。

在象棋和围棋的世界里，经常有“着眼大局，着手小局”的说法。

是说将视点放在事物的全局上，从细小的地方开始实践。

我们经常会受到眼前情况的限制，从而忽略全局。

甚至有时候不能从全局的视点去思考问题，例如“我现在打算做的事情到底是为什么要去做的”，或是“自己的工作在公司整体当中处于怎样的位置”。

同样，如果只是着眼大局的话，什么都不会改变。

想要切实推进的话，“行动”必不可少。

如果是鱼骨图的话，只需要一张纸，就能够让整体和局部一目了然。

鱼骨图是通往实践之路的非常有效的工具。

在正文中我也提到过，原本鱼骨法是由已故东京大学名誉教授石川馨先生开创的用于品质管理和问题解决的工具。

1952 年在川崎制铁中应用取得了丰硕的成果，之后被导入很多日本的知名企业。

其基本方法是鱼头、背骨、刺、刺……

由于这是一种可以活跃在很多场合的方法，不同的企业和个人会有很多属于自己的改进方法。

只要记住基本方法是鱼头、背骨、刺、刺……大家可以根据自己的工作和学习情况，将其调整到最适合自己的状态。

在本书中我也介绍了很多我在公司咨询或是研修中从大家身上学到的东西。

例如生气的鱼和微笑的鱼。

通过这样简单的图画可以让情况变得更加一目了然，我自己也会经常使用。

其实这是我在某次地域经营指导培训时接触到的。有一位学员非常擅长绘画。他所在的小组为了表达地域经济的危机感，给鱼头画上了表情，这是最开始的契机。

类似的教学相长的经验还有很多。

鱼骨法是一种被使用了超过 50 年的工具。

这本书中也有不少你耳熟能详的内容吧。

请一定要将已经知道的内容和新学到的东西结合使用。

传统艺能能乐的创始人世阿弥说过这样一句话："守破离。"

用"守破离"来表现成长的进程。

"守"——最初要遵循基本进行学习。

"破"——将学会的东西根据自己的特性进行应用。

"离"——不拘泥于"守"和"破"，开拓新世界，创造属于自己的东西。

希望以本书为契机，你能够先了解鱼骨法的基本（守），然后根据你的需要进行改进（破），最后创造出更加丰富的内容（离）。

行胜于言。

拿起手边的纸和笔，试着写一张鱼骨图吧，无论是杂志中的文章还是什么都好。

如果本书能够成为让你不再被信息所牵制、活用信息创造更丰富的生活的契机，那会令我喜出望外的。

最后，我想在此对我公司咨询业务的客户和参加研修的学员们、森林出版的森下先生及各位工作人员、E-value Japan 的各位、家人、朋友等一直支持我的各位表示最衷心的感谢。

谢谢大家。

骑井伸俊